Durch Daten und Fakten
zu einem neuen Genderbewusstsein

Schriften der Evangelischen Fachhochschule
Reutlingen-Ludwigsburg
im Verlag der Evangelischen Gesellschaft

Monika Barz

Durch Daten und Fakten zu einem neuen Genderbewusstsein

Ein Lehrexperiment

Gefördert vom

Bundesministerium
für Familie, Senioren, Frauen
und Jugend

Zur Autorin:
Prof. Dr. Monika Barz (1953), Evangelische Fachhochschule Reutlingen-Ludwigsburg, Theorie und Praxis der Sozialen Arbeit mit Mädchen und Frauen, Geschlechterforschung, Organisationsberatung, Internationale Soziale Arbeit.

Bibliografische Information der Deutschen Bibliothek:
Die Deutsche Bibliothek verzeichnet diese Publikation in der
Deutschen Nationalbibliografie; detaillierte bibliografische Daten sind
im Internet über http://dnb.ddb.de abrufbar

© 2008 Verlag und Buchhandlung der Evangelischen Gesellschaft GmbH,
Stuttgart.
Augustenstr. 124, 70197 Stuttgart, Telefon 0711 60100 0, Fax 60 100 76
www.verlag-eva.de
Alle Rechte vorbehalten.

ISBN 978-3-7918-8013-6

Gliederung

0. Vorbemerkung   7

1. Rahmenbedingungen und Hintergründe   9
    1.1 Didaktischer Kontext   9
    1.2 Fachwissenschaftlicher Kontext   12

2. Darstellung des Seminars   15
    2.1 Titel, Ziele, Literatur   15
    2.2 Struktur   15
    2.3 Verlauf   16

3. Methodisches Vorgehen   17
    3.1 Technischer Umgang mit Grafiken   17
    3.2 Inhaltlicher Umgang mit Grafiken   18

4. Erfahrungen der Studierenden im technischem
    Umgang mit Daten   19
    4.1 Schwierigkeitsgrad   19
    4.2 Lernergebnisse   20
    4.3 Transfer   21

5. Erfahrungen der Studierenden im inhaltlichen
    Umgang mit Daten   22
    5.1 Schwierigkeitsgrad   22
    5.2 Lernergebnisse (differenziert nach den Themen-
         bereichen: Gewalt, Einkommen, Gesundheit, soziale
         Sicherung, Bildung, Vereinbarkeit von Familie und
         Beruf, Lebensformen, politische Partizipation,
         Behinderung, sexuelle Gewalt, Homosexualität)   23
    5.3 Transfer   32

6. Erfahrungen der Studierenden im Gruppenprozess
der Projektgruppe 33
  6.1 Allgemeine Einschätzungen 33
  6.2 Einschätzungen zur Gruppenzusammensetzung
     Männer/Frauen 35

7. Erfahrungen der Studierenden in Beratungssitzungen
mit Dozentin 38

8. Erfahrungen der Studierenden mit dem didaktischen
Konzept 39
  8.1 Selbststeuerung ohne Abschlusskontrolle
     (Pro und Contra)............................. 39
  8.2 Genderkompetenz oder Kompetenz im Umgang
     mit Daten? 41
  8.3 Verhältnis der Plenumszeit zur
     Projektgruppenzeit 42

9. Konsequenzen und Schlussbemerkung............... 43

10. Literaturliste 46

   Anhang 47

0. Vorbemerkung

„Das ist doch Schnee von gestern!"

Für heutige Studierendengenerationen scheint die Geschlechterfrage überholt, Frauendiskriminierung „Schnee von gestern" und klassische Rollenzuschreibungen von jungen Frauen und Männern längst überwunden. Das „Gendergequatsche"[1] scheint zu langweilen und schnell in die Rubrik „überflüssig" abgeschoben zu werden. Was also ist methodisch und didaktisch zu tun, damit junge Studierende wieder neugierig werden, wenn es um die sozialwissenschaftliche Analyse der Ungleichheit zwischen den Geschlechtern geht?

Als Verantwortliche für die Frauen- und Geschlechterforschung an der Evangelischen Fachhochschule Reutlingen-Ludwigsburg suchte ich in den letzten Jahren intensiv nach Antworten auf die Frage der angemessenen Vermittlung der Geschlechterperspektive in der Sozialen Arbeit.

Ich hielt Ausschau nach Lehrexperimenten an der eigenen Hochschule und ging in den fachlichen Austausch mit Expertinnen und Experten anderer Hochschulen. Viele waren wie ich auf der Suche. Auch andernorts wurde beobachtet wie das Interesse an Geschlechterfragen abnahm und Teile der jüngeren Studierenden politischen Widerstand dagegen aufbauten.

Die Skepsis der heutigen Studierendengeneration gegenüber der Aktualität von Geschlechterfragen in der Sozialen Arbeit ist wertvoll. Sie zwingt die Organisation von Lehre und die Auswahl von Lehrinhalten immer wieder neu zu überdenken.

Im Folgenden wird ein Lehrexperiment beschrieben, das den Versuch wagt bei der heutigen Generation von Studierenden der Sozialen Arbeit ein neues Gender-Bewusstsein zu entwickeln, das nicht an der persönlichen Betroffenheit als Frau oder Mann anknüpft, sondern abstrakte Daten und Fakten zum Ausgangspunkt der Analyse macht.

---

[1] Der Begriff Gender ist aus dem Englischen entnommen. „Gender" steht für das soziale Geschlecht im Unterschied zu „sex" dem biologischen Geschlecht (vgl. Huth, 2007: 218). Eine ausführliche Auseinandersetzung mit Fragen der Genderkompetenz und geschlechterbewusster Sozialer Arbeit erfolgt in Kapitel 1.2.

Das erprobte Setting ist von interessierten Kolleginnen und Kollegen anderer Hochschulen leicht zu übernehmen. Als zentrales Lehrmaterial wird der aktuell zugängliche „Datenreport zur Gleichstellung" verwendet, den das Bundesministerium für Familie, Senioren, Jugend und Frauen seit 2005 als CD kostenlos zur Verfügung stellt.

1. Rahmenbedingungen und Hintergründe

1.1 Didaktischer Kontext

Die durch den Bolognaprozess erforderliche Neugestaltung der Diplomstudiengängen zu Bachelorstudiengängen bot den äußeren Anlass das Lehrgebiet „Geschlechterperspektive in der Sozialen Arbeit" als Modul neu zu entwerfen. An der Evangelischen Fachhochschule Reutlingen-Ludwigsburg wird seit dem Wintersemester 2006/2007 in den Bachelorstudiengängen der „Sozialen Arbeit" im ersten Semester ein Modul „Genderperspektive in der Sozialen Arbeit" angeboten.[2] Es umfasst vier Semesterwochenstunden und wird mit sechs Credits (European Credit Transfer System, ECTS) bewertet.

Im Rahmen dieses Moduls wird als übergeordnetes Ziel angestrebt, dass die Studierenden die Bedeutung der Geschlechterperspektive in der Sozialen Arbeit reflektieren. Hierzu zählt, dass sie Daten sozialer Ungleichheit und Fragen der Menschenrechte unter der Geschlechterperspektive analysieren können. Darüber hinaus sollen sie sich Wissen aneignen, wie in verschiedenen gesellschaftlichen Bereichen Geschlechterfragen relevant werden, welche Formen sie im Wandel der Zeit annahmen und durch welche individuellen und politischen Handlungsstrategien sie verfestigt oder aufgebrochen werden können. Das Gendermodul ist ein Pflichtmodul und prüfungsrelevant. Es setzt sich aus einem Pflichtseminar in Verbindung mit studentischen Projektgruppen und einem frei wählbaren Workshop zusammen.

Bei den Workshops haben die Studierenden die Möglichkeit aus einer Angebotspalette von zwei bis drei Workshops auszuwählen.[3] Auf diese Angebote wird im Folgenden nicht näher eingegangen. Sie sind als klassische Workshopangebote konzipiert, bei denen hochschulüb-

---

2   Die Struktur des Moduls baut auf den Erfahrungen auf, die seit 1999 mit Genderseminaren in den Diplomstudiengängen gemacht wurden.

3   Angeboten wurden beispielsweise Workshops wie: „Geschlechterhierarchie und doing-gender in Alltagssituationen" (Birgit Groner und Gunter Neubauer), „Zur Geschichte und gesellschaftlichen Funktion von Geschlechter- und Genderforschung" (Gabriele Meixner), „Gender-Perspektive: Impact on Social Work" (Melinda Madew und Uwe Müller, in englischer Sprache).

lich durch Referate oder Hausarbeiten benotete Prüfungsleistungen erbracht werden.

Eingegangen wird im Folgenden auf das Lehrexperiment aus Pflichtseminar inklusive verpflichtenden Beratungstreffen in Verbindung mit den selbst gesteuerten studentischen Projektgruppen. Das Setting aus diesen drei Elementen ermöglicht den Studierenden

- sich primär mit Daten und Fakten zu beschäftigen
- in den Beratungssitzungen mit der Dozentin ihre (Daten)Analysekompetenz zu überprüfen,
- sich je nach Bedarf freiwillig in den selbst gesteuerten Gruppenprozessen mit den persönlichen Fragen zum Geschlechterverhältnis beschäftigen zu können.

Hintergrund dieses didaktischen Settings ist die bereits beschriebene Beobachtung, dass aus Sicht vieler Studierenden der heutigen Generationen die Beschäftigung mit Geschlechterfragen als überflüssiges feministisches Relikt gilt, da die Emanzipation unter jungen Frauen und Männern im Alltag längst verwirklicht sei.

Die teilweise emotional angeheizte Skepsis gegenüber der wissenschaftlichen Reflexion des Geschlechterverhältnisses macht es erforderlich methodisch und didaktisch andere Wege einzuschlagen. In diesem Lehrexperiment werden bewusst die systematische und nüchterne Analyse von Daten und Fakten in den Mittelpunkt gestellt.

Dieses didaktische Vorgehen unterscheidet sich elementar von den selbsterfahrungsorientierten Bildungsansätzen der 80er und 90er Jahre, die ausgehend vom zentralen Postulat der Frauenbewegung – „das Private ist politisch" - Diskurse über persönliche Betroffenheit und subjektives Erleben initiierten (vgl. Cramon-Daiber 1984, Gieseke 1990, Derichs-Kunstmann/Müthing 1993). Eigene Erfahrungen bildeten den Ausgangspunkt um davon abgeleitet zu den verallgemeinerbaren strukturellen Zusammenhängen zu gelangen. (vgl. Barz 1995). Die didaktische Herausforderung besteht heute darin, junge Frauen und Männer, die wie selbstverständlich mit den Errungenschaften der Frauen- und Männerbewegung aufgewachsen sind, für diskriminierende Strukturen im Geschlechterverhältnis zu sensibilisieren. Das vorliegende Konzept beschreitet bewusst drei „didaktische Umwege".

- Der erste „Umweg" besteht darin, primär die generellen Fragen sozialer Ungleichheit zum Ausgangspunkt zu machen und die soziale Ungleichheit von Frauen und Männern exemplarisch als eine mögliche Ausprägung sozialer Ungleichheit zu begreifen.[4]

- Der zweite „Umweg" besteht darin, primär die technische Analyse-kompetenz zu thematisieren und zum zentralen Gegenstand des Seminars zu machen.[5] Die Genderfrage rutscht damit in die zweite Reihe. Primär dienen die Graphiken als Übungsfeld um sich darin zu qualifizieren empirische Daten zur sozialen Ungleichheit analysieren und interpretieren zu können.

- Der dritte „Umweg" besteht darin, von den Studierenden explizit einzufordern, dass sie in den selbstgesteuerten Gruppen darauf achten sollten, erst dann über eigene persönliche Erfahrungen zu diskutieren, wenn der technische Umgang mit den Graphiken eingeübt ist. Die Diskussionen der biographischen Momente wurde somit eindeutig als sekundär und nachrangig eingeführt.

Bei allen bewusst eingeschlagenen didaktischen Umwegen wurde den Studierenden transparent gemacht, dass die curricular vorgegebene Beschäftigung mit Geschlechterverhältnissen[6] nicht das Relikt ewig gestriger Feministinnen ist, sondern als Qualitätsstandard Sozialer Arbeit gilt und eine Grundlage der wissenschaftliche Analyse sozialer Ungleichheit darstellt.

Im Folgenden wird das Lehrexperiment evaluiert und die studentischen Einschätzungen dargestellt. Der Evaluation liegen die Lernprozessprotokolle aller 183 Studierenden zugrunde, die in den letzten drei Semestern am Gendermodul teilgenommen haben. Es handelt sich dabei um die Erstsemesterjahrgänge des Wintersemesters 2006/2007, Sommersemesters 2007 und Wintersemesters 2007/2008. Unter den 183 Studierenden waren 39 Männer (21%) und 144 Frauen (79%). Es wird anhand der Schilderungen von Studierenden dargestellt wie sie das Lernkonzept bewerten und welche Lernprozesse sie dabei erlebt haben.

---

4   Der Datenreport zur Gleichstellung ist hierfür hervorragend geeignet. In ihm ist das Material zur Geschlechterfrage häufig eingebettet in den Kontext europäischer Ländervergleiche, Ost-West Unterschieden in Deutschland und der Differenzierung im Hinblick auf unterschiedliche Migrationshintergründe.

5   Dies entspricht dem Titel des Seminars: Wie lese ich Daten sozialer Ungleichheit

6   Das Modul „Genderperspektive in der Sozialen Arbeit" ist ein prüfungsrelevantes Pflichtmodul.

1.2 Fachwissenschaftlicher Kontext

Das Geschlechterverhältnis ist eine Grundstruktur von Gesellschaft (vgl. Giddens 1988). Die Berücksichtigung der Kategorie Geschlecht in Forschung, Ausbildung und Praxis hat in den Sozialwissenschaften zu einem Perspektivenwechsel beigetragen. Die historischen, gesellschaftlichen, sozialen und persönlichen Auswirkungen von Zweigeschlechtlichkeit sind zu wichtigen Forschungs- und Arbeitsbereichen geworden. (vgl. Friebertshäuser 1997, Gruber 2001, Rauw 2001). Im sozialwissenschaftlichen Diskurs besteht Einigkeit darüber, dass es schlechterdings keinen sozialwissenschaftlichen Gegenstandbereich gibt, in dem geschlechtsneutrale Fragestellungen möglich sind. Wer sie übergeht oder zu neutralisieren versucht, disqualifiziert die wissenschaftliche Relevanz der eigenen Aussagen. Die systematische Aufmerksamkeit für das Geschlechterverhältnis und seine Auswirkungen auf weibliche und männliche Lebenslagen gilt geradezu als Relevanzkriterium für die Güte sozialwissenschaftlicher Forschung (vgl. Bitzan/Funk/Stauber 1998:32, Jahnsen 2000, Kunert-Zier 2005).

Mit dem Begriff der geschlechterbewussten Sozialen Arbeit werden sozialpädagogische Konzepte und Praxen zusammengefasst, denen die soziale Kategorie Geschlecht als Ausgangspunkt für pädagogisches Handeln zugrunde liegt und die an der Demokratisierung von Geschlechterverhältnissen orientiert sind. Eine geschlechterbewusste Soziale Arbeit setzt Wissen über die Wirkung des Geschlechterverhältnisses auf das alltägliche Leben von Männern und Frauen, Mädchen und Jungen voraus. Praktische Beispiele zeigen sich in der Mädchen- und Jungenarbeit, in der Männer- und Frauenberatung. Einige psychosoziale Einrichtungen, wie Frauenhäuser, Beratungsstellen gegen sexuellen Missbrauch, Mädchenhäuser u.a.m. verdanken geradezu ihre Entstehung der sozialpolitischen Erkenntnis, dass Geschlechterverhältnisse in Familien im Schutze des Privaten nicht selten gewaltförmig ausgeprägt sind. Im Blick auf viele andere Arbeitsfelder der Sozialen Arbeit ist die Bedeutung der Geschlechterverhältnisse für die konkrete Arbeit nicht so offensichtlich und dadurch lange Zeit weniger thematisiert. Hierzu zähl(t)en die Elementarerziehung, die Arbeit mit verhaltenausfälligen Adoleszenten, die Sozialberatung und die Arbeit mit älteren Menschen (vgl. Fleßner 2007:242f, Kunert-Zier / Krannich 2008).

Aktuelle theoretische Debatten konzentrieren sich vor allem auf die Dekonstruktion der Zweigeschlechtlichkeit mit dem Ziel der Verflüssigung von Geschlechtergrenzen. Eine zentrale Frage dabei ist, in welchem Umfang wird Geschlecht durch soziale Praxen (doing-gender) und Diskurse hervorgebracht? Der aus dem englischen Sprachraum übernommene Begriff „Gender" als soziales Geschlecht, im Gegensatz zu „sex" als biologisches Geschlecht, drückt aus, dass Rollen, Rechte, Pflichten und Ressourcen von Männern und Frauen gesellschaftlich, historisch und kulturell geformt und damit veränderbar sind (Huth 2007:218, Glaser 2004).

Von genderbewusster Sozialer Arbeit kann erwartet werden, dass durch sie

- die Bedeutung der Kategorie Geschlecht in den vielschichtigen sozialen Beziehungen in denen die Individuen leben, wahrgenommen wird und die sozialpädagogischen Settings und Prozesse daraufhin gestaltet werden;
- geschlechterhierarchische männlich dominierte Strukturen in der hegemonialen Zwei-Geschlechter-Kultur in ihren behindernden Auswirkungen für die Individuen kritisch wahrgenommen und Lernumgebungen und (Denk)Räume geschaffen werden für die Perspektive einer geschlechterdemokratischen Kultur (vgl. Fleßner 2007:242f, Kunert-Zier 2005, Zander 2006).

Im sozialwissenschaftlichen Diskurs zur sozialen Ungleichheit zwischen Männern und Frauen wird das Patriarchat als strukturelles Gewaltverhältnis definiert, das ohne direkte Akteure auskommt (Cordes/Begander 1998). Die Gewalt ist quasi in das System eingebaut und äußert sich in ungleichen Machtverhältnissen und folglich ungleichen Lebenschancen. In Anlehnung an die Diskurse der Friedensforschung wird differenziert zwischen personaler Gewalt und struktureller Gewalt je nachdem ob es eine Person gibt, die aktiv als Akteur oder Akteurin Gewalt ausübt oder nicht (vgl. Galtung 1975:12). Wenn Frauen beispielsweise keine Ausbildung beginnen, sie abbrechen oder ihren Beruf aufgeben, weil sie ein Kind bekommen, so ist das vordergründig als persönliche Vorliebe zu sehen, analytisch betrachtet basiert die Entscheidung auf gesellschaftlichen Rahmenbedingungen, die durch strukturelle Gewalt im Sinne Galtungs gekennzeichnet sind. So kann diese Entscheidung eng verbunden sein mit Strukturen des Entlohnungssystems („er verdient halt mehr"), des Steuersystems („es lohnt sich nicht mehr arbeiten zu gehen"), oder der medial verbreiteten geschlechtsspezifischen Rollenbilder („eine richtige Mutter ist nur für ihr Kind da").

Die Sensibilisierung für Ungleichheit im Geschlechterverhältnis angesichts formaler Gleichberechtigung von Mann und Frau beginnt mit systematischen Analysen von Daten und Fakten. Sozialwissenschaftlich betrachtet, wird von struktureller Benachteiligung und struktureller Gewalt ausgegangen, wenn die tatsächliche Teilhabe einer Person/Gruppe in einem gesellschaftlichen Bereich geringer ist, als die potentiell mögliche (Cordes/Begander 1998). Die nüchterne Analyse sozialer Daten und Fakten ermöglicht Rückschlüsse auf Ausmaß und Formen struktureller Gewalt im Geschlechterverhältnis und eröffnet Perspektiven für sozialpädagogische Handlungsoptionen.

2. Darstellung des Seminars

2.1. Titel, Ziele, Literatur

Als Titel für die Pflichtveranstaltung im Rahmen des „Gender-Moduls" wird das Thema „Gender" gezielt in den Kontext „Soziale Ungleichheit" gestellt und der allgemein angelegte Titel „Wie lese ich Daten über soziale Ungleichheit?" gewählt. In der Ausschreibung wird angekündigt, dass in dieser Pflichtveranstaltung Grundkenntnisse über Geschlechterfragen in der Sozialen Arbeit, Analysekompetenz im Umgang mit Daten sozialer Ungleichheit und individuelle Beratung im Prozess der Selbstwahrnehmung geschlechtsspezifischer Erfahrungen vermittelt werden. Die Studierenden werden darauf hingewiesen, dass sie sich im Verlauf der selbst gesteuerten Projektgruppen einen ersten Überblick über Geschlechterfragen in der Sozialen Arbeit erarbeiten, den analytischen Umgang mit statistischen Daten erproben und einen selbstreflexiven Umgang mit geschlechtsspezifischen Erfahrungen einüben können. Den Studierenden wird zusätzlich zum oben erwähnten Datenreport die Veröffentlichungen von Gruber (2001), Glaser (2004), Kunert-Zier (2005) und Zander (2006) empfohlen.[7]

2.2. Struktur

In den ersten beiden Semesterwochen beginnt die Pflichtveranstaltung mit zwei Plenumssitzungen für alle Erstsemestrigen (50 bis 70 Studierende). Hier werden eine Einführung in das Thema und erste Hinweise zum Umgang mit dem Datenreport gegeben. Studierende werden motiviert, Projektgruppen zu bilden zu den im Datenreport aufgeführten Themenbereichen: Bildung, Erwerbstätigkeit, Einkommen, Lebensformen, Vereinbarkeit von Familie und Beruf, politische Partizipation, soziale Sicherung, Gesundheit, Behinderung und Gewalt. Im Verlauf des Semesters trifft sich jede Projektgruppe nach eigenen Rhythmen. Jede Projektgruppe hat nach vorgegebenem Beratungsplan drei Mal 30 Minuten Beratungszeit bei der verantwortlichen Dozentin, um aufgetre-

---

7   Ausführliche Angaben siehe Literaturliste

tene technische und inhaltliche Fragen zu klären und den selbst gesteuerten Arbeitsgruppenprozess zu reflektieren. Am Ende des Semesters finden abschließend zwei Plenumssitzungen statt, bei denen die Projektgruppen eigene Präsentationen einbringen können und das Semester evaluiert wird. Jeder Projektgruppe wird offengelassen, ob und was sie präsentieren wollen. Als Pflicht gelten die Präsenz bei den Plenumsveranstaltungen und die Abgabe eines ein- bis zweiseitigen Reflexionspapiers über den eigenen Lernprozess in der selbst gesteuerten Projektgruppe. Eine Benotung der Lernprozessbeschreibungen findet nicht statt.

2.3. Verlauf

In der ersten Plenumssitzung werden die Studierenden durch ein Kennenlernspiel ins Thema eingeführt. Es folgt eine Darstellung der Seminarkonzeption und des Semesterprogramms. Die CD und Literaturhinweise werden verteilt und den Studierenden die verschiedenen Bereiche des Datenreports vorgestellt.

In der zweiten Plenumssitzung wird ein Kurzvortrag zur Geschichte der Geschlechterfragen in der Sozialen Arbeit am Beispiel der Mädchen- und Jungenarbeit gegeben. In einer Art „Markt der Möglichkeiten" haben die 50 bis 70 Studierenden Zeit, sich im Raum verteilt ihrem Lieblingsthema zuzuordnen. Dadurch, dass sich die Studierenden im Raum bewegen und sich so den verschiedenen Themen zuordnen, sehen sie rasch, wer außer ihnen selbst ihr Thema gewählt hat, wer in welcher Gruppe ist und wohin sie eventuell wechseln wollen. Im Anschluss an die endgültige Gruppenfindung werden ausführliche Hinweise gegeben, wie sich die Projektgruppen mit den Daten und Fakten beschäftigten können (näheres hierzu siehe Kapitel 3).

In den darauf folgenden zehn Wochen treffen sich die Projektgruppen nach eigenen Rhythmen. Für diesen Zeitraum erhält jede Gruppe drei Termine für circa eine halbstündige Beratungssitzung bei der Dozentin. Zwei Termine sind jeweils gemeinsam mit einer anderen Gruppe anberaumt, ein Termin ist für jede Gruppe einzeln bestimmt.

In den beiden letzten Wochen des Semesters finden zwei Plenumssitzungen statt, in denen Projekte präsentiert und von der Dozentin vertiefende Ausführungen zu Einzelthemen gemacht werden. Eine Evaluation des Gesamtmoduls, die Abgabe der Lernprozessreflektion und die Vergabe der Scheine schließen das Semester ab.

3. Methodisches Vorgehen

3.1 Technischer Umgang mit Grafiken

Den Projektgruppen wird als Aufgabe mitgegeben, in der ersten Phase systematisch an der richtigen Wiedergabe der komprimierten Daten zu arbeiten. Hierzu wird ihnen eine Vorgehensweise in sechs Schritten angeboten:

- Beschreiben Sie aus einigen Metern Entfernung zur Grafik, was Sie aus dieser entnehmen können (**Adlerperspektive**), ohne zu wissen, um welches Phänomen es sich inhaltlich handelt. Welche grobe Information erhalten Sie allein über die visuelle Wirkung der Grafik? (Zum Beispiel: „Es handelt sich um irgendetwas, das stetig fällt." „Es handelt sich um irgendetwas, das immer gleich ist und an einer Stelle abrupt steigt.", u. v. m.)
- Schauen Sie sich die Grafik aus der Nähe an. Formulieren Sie in einem Satz, welchen **Sachverhalt** sie abbildet. Achten Sie dabei auf optimale Exaktheit.
- Verständigen Sie sich darüber, welche **Bedeutung** die **x-Achse** und welche die **y-Achse** hat. Sollte es sich um Prozentangaben handeln, klären Sie, was oder wer die Bezugsgröße, also die 100% sind.
- Formulieren Sie eine richtige Aussage zu einem **beliebigen Zahlenwert** (Aussage erster Ordnung).
- Formulieren Sie eine druckreife Aussage, in der zwei zufällig gewählte **Zahlenwerte in Verbindung** zueinander gesetzt werden (Aussage zweiter Ordnung).
- Formulieren Sie druckreife Aussagen zu **inhaltlich markanten Zahlenwerten** (Aussage dritter Ordnung).
- Beschreiben Sie in einem druckreifen Satz die **inhaltliche Tendenz,** die durch die Grafik/Tabelle veranschaulicht wird (Aussage vierter Ordnung).

3.2. Inhaltlicher Umgang mit Grafiken

Den Projektgruppen wird angeraten, sich erst nach Erlangung einer entsprechenden Sicherheit im technischen Umgang mit Graphiken tiefer inhaltlich mit den dargestellten Sachverhalten auseinanderzusetzen. Hierzu werden ihnen folgende drei Schritte vorgeschlagen:

■ Entwickeln Sie viele **verschiedenartige Thesen** über mögliche Ursachen für den jeweiligen Sachverhalt. Gehen Sie dabei kreativ vor und notieren Sie alles, unabhängig davon, ob die Thesen als „realistisch", „irrwitzig" oder „dumm" eingestuft wird.

■ Bilden Sie zu jeder These eine logisch nachvollziehbare **sozialpolitische und individuelle Handlungsoption**. Nach dem Motto: „Wenn These X stimmen würde, dann könnte die Gesellschaft/ das Individuum Y tun, um Abhilfe zu schaffen."

■ Diskutieren Sie die Ergebnisse. Achten Sie dabei streng darauf, dass Sie zwischen logisch nachvollziehbaren und empirisch belegbaren Argumenten einerseits und subjektiven Meinungen und persönlichen Erfahrungen andererseits trennen.

Zur Veranschaulichung des schrittweisen Vorgehens werden im Anhang (Seite 47) anhand einer beliebig gewählten Graphik mögliche Antworten der Studierenden dargestellt.

4. Erfahrungen der Studierenden[8] im technischen Umgang mit Daten

4.1 Schwierigkeitsgrad

Die Erfahrung hat gezeigt, dass zu Beginn des Seminars die Mehrzahl der Studierenden bei der Formulierung der Aussagen Hilfestellung benötigte. Insbesondere die Exaktheit im Umgang mit Begriffen und die sprachliche Sensibilität für eine „sachlich richtige Aussage" im Gegensatz zu einer „bewertenden Aussage" bedurften einiger Übung. Die Studierenden beschreiben den Schwierigkeitsgrad für sie in ihren Lernprozessreflexionen wie folgt:

„Ich empfand diese Technik zu Beginn etwas kompliziert, sie hat sich aber mit der Übung eingestellt und verbessert." (m)

„Der Tipp mit dem Adlerblick half uns bei unserer Auswertung der Tabellen sehr (...)." (w)

„Wir schauten uns anfangs eine Tabelle nach der anderen an und wussten nicht, was wir damit anstellen sollten." (w)

„(...) uns wurde schnell klar, dass die Aufgabe nicht so einfach zu lösen war, wie wir zunächst annahmen. Die meisten Tabellen sahen beim Durchblättern so aus, als seien sie einfach zu verstehen, was sich aber schnell als ein Irrtum herausstellte." (w)

„Ich empfand es am Anfang als schwierig, die einzelnen Tabellen zu verstehen und herauszufinden, was sie eigentlich aussagen." (w)

„Vor diesem Seminar bin ich Statistiken generell aus dem Weg gegangen, da ich sie meist für mich als zu schwierig eingestuft habe." (w)

„(...) die vielen Statistiken und Tabellen waren teilweise doch ziemlich schwer zu verstehen und noch schwerer zu bearbeiten." (m)

„Es ist relativ schwierig (...) die statistischen Zahlen und Daten aus den Tabellen und Grafiken in richtigen Aussagen zu formulieren." (m)

Einige wenige Studierende hatten Vorerfahrungen im Lesen von Statistiken. Dies schien sich nicht negativ auf die Motivation auszuwirken. In den Lernprozessreflexionen wird es wie folgt beschrieben.

„Was uns allen auffiel war, dass uns die Formulierungen nicht sehr schwer fielen. Es gab auch wenige Tabellen, mit denen wir anfängliche

---

8 Die Aussagen der Studierenden sind mit (w) = weiblich und (m) = männlich versehen.

Probleme hatten, und auch diese konnten wir schnell lösen. Das war auch der Grund dafür, dass wir jedes Mal sehr schnell dazu kamen, die Hintergründe der Tabellen zu diskutieren." (w)

„Da ich bereits in der Schule und während meiner Ausbildung einiges im Bereich Statistiken gemacht habe, wäre eine Vorlesung (...) wahrscheinlich schnell langweilig geworden. Aufgrund des selbständigen Auseinandersetzens mit den Statistiken konnte ich so mein bisheriges Wissen trainieren und vertiefen." (m)

4.2 Lernergebnisse

Viele Studierende gehen in ihrer Reflexion zum Lernprozess darauf ein, was sie beim Analysieren von Daten an technischem Know-how gelernt haben:

„Mir wurde bewusst, wie schwierig es sein kann, eigene Gedankengänge so klar in Worte zu fassen, dass andere genau das verstehen, was ich sage oder sagen will." (w)

„Nachdem wir uns an die Tabellen gewöhnt hatten, konnten wir aus „trockenen" Daten überraschende Erkenntnisse ziehen (...)." (m)

„Ich kann heute sagen, dass ich (...) gelernt habe, genauer hinzusehen und zu hinterfragen." (m)

„Ich habe gelernt, mich präzise und strukturiert auszudrücken." (m)

„Mir ist bewusst geworden, dass es Spaß machen kann, Daten zu lesen, wenn man ungefähr weiß, wie man vorzugehen hat (...)." (w)

„Was ich (...) gelernt habe war, dass man, egal wie schwer eine Tabelle bzw. Statistik aussieht, sie trotzdem verstehen kann." (w)

„Je häufiger wir zum Beispiel Diagramme besprochen hatten, desto einfacher fiel es der Gruppe, sich richtig und gezielt auszudrücken." (w)

„Zunächst brauchte ich einige Zeit, bis ich mich in die Thematik eingelesen hatte, aber als ich mir dann einen Überblick verschafft hatte, empfand ich die CD als sehr ansprechend." (w)

„Diese Thesen aufzustellen war für mich eine sehr wertvolle Arbeit, und ich habe dadurch großen Lernerfolg gesehen." (w)

„Der Vorschlag, eine Tabelle mit Thesen und Handlungsoptionen zu erstellen, war für uns sehr hilfreich." (w)

„Ich habe gemerkt, wie wichtig es ist, bei Statistiken die richtigen Fragen zu stellen. Um diese stellen zu können, muss ich mir Fragestellungen sehr klar machen, sonst kann man die komplexen Zusammenhänge

nicht richtig in Bezug setzen. Nur so können interessante Thesen entwickelt werden. Sehr spannend fand ich, welch abstrakte Thesen dann auch hinterfragt werden können. Alles ist möglich." (w)

„Bezeichnend war für mich, wie viele versteckte Möglichkeiten zum Forschen eine einzige Statistik bietet. Außerdem kann es lustig sein, verrückte Thesen zu formulieren." (w)

„Ich war verwundert wie viele Thesen man aufstellen kann. Warum, weshalb, wieso ist etwas so wie es ist? Was sind Hintergründe? Und immer wieder tauchen neue Ideen und Fragen auf." (w)

4.3 Transfer

Einige Studierende gehen in ihren Protokollen auf die Auswirkungen ein, die sie im Hinblick auf ihr Studium der Sozialen Arbeit sehen. Sie betrachten die Beschäftigung mit diesen Daten exemplarisch für andere Fragen der Sozialen Arbeit.

„Ich habe den analytischen Umgang mit statistischen Daten erprobt, was mir eine spätere Beschäftigung und Auseinandersetzung mit Statistiken – und das nicht nur mit solchen über soziale Ungleichheit zwischen Männern und Frauen – erheblich erleichtern wird." (m)

„Da ich als Sozialarbeiterin vermutlich vorwiegend in den Bereichen arbeiten werde, die in der Gesellschaft soziale Brennpunkte darstellen, also zum Beispiel mit arbeitslosen, kranken, behinderten oder straffällig gewordenen Menschen, ist es wichtig zu wissen, wie die Situation in diesen Bereichen aktuell aussieht (...). Statistik kann Soziale Arbeit also auch legitimieren." (w)

„Die Verbindung und Vertiefung durch den Workshop fand ich persönlich sehr gelungen. Ich würde gerne mehr Gendersachen belegen und hoffe sehr, dass dies im nächsten Semester möglich sein wird." (w)

„Bevor ich mit dem Studium begonnen habe, hatten mir viele Studierende berichtet, dass in dieser Fachhochschule viel Wert auf das Thema ‚Gender' gelegt wird. Ich habe es nicht ganz verstanden, vom Begriff her nicht und auch nicht ganz im Nachhinein, als ich wusste, was es bedeutet. Nach diesem Seminar habe ich die Wichtigkeit und Vielfalt dieses Themas verstanden. Es zieht viel mehr mit sich, als es auf den ersten Blick scheint. Dies ist das Wesentliche, was ich in diesem Modul gelernt habe und dafür bin ich sehr dankbar." (w)

5. Erfahrungen der Studierenden im inhaltlichen Umgang mit Daten

5.1. Schwierigkeitsgrad

„Beim Aufstellen der Thesen zu den jeweiligen Abbildungen taten wir uns recht leicht (...). Allerdings hatten wir Schwierigkeiten, für unsere Thesen geeignete Handlungsoptionen zu finden. Vor allem fiel uns mit der Zeit auf, dass wir zu vielen Abbildungen die gleichen oder zumindest ähnliche Handlungsoptionen gefunden hatten." (w)

„(...) bei der Suche nach möglichen Ursachen und dem Ableiten von Handlungsoptionen konnte man sich gegenseitig (...) sehr gut ergänzen." (w)

„Gerne haben wir über das Thema diskutiert und Thesen aufgestellt, wodurch es manchmal schwer war, wieder auf die Statistiken und Tabellen zurückzukommen." (w)

„Auch wenn es gelegentlich in der Euphorie der Diskussion zu einem Abschweifen vom eigentlichen Thema kam, war es dennoch sehr angenehm, ganz offen auch ein wenig abwegige und abstruse Spekulationen äußern zu können und mit anderen darüber zu diskutieren." (w)

„(...) aus einigen dieser Spekulationen entstanden interessante Diskussionen." (m)

„Wir haben den Vorschlag aufgegriffen und uns überlegt, was diese Daten für die Soziale Arbeit bedeuten. Ob Maßnahmen dagegen unternommen werden sollten und wie diese aussehen könnten. Es war für uns auch wichtig, unsere Ergebnisse schriftlich fest zu halten (...) und sie später für alle auszudrucken." (w)

„Das Aufstellen von Thesen gestaltete sich ebenfalls unerwartet angenehm. So konnte man zur Erheiterung tatsächlich sehr lustige Thesen aufstellen, sodass man eine kurze ‚geistige Verschnaufpause' hatte, was mit Sicherheit auch zu unserem angenehmen Arbeitsklima führte." (w)

5.2. Lernergebnisse

Knapp die Hälfte der Studierenden geht in ihren Prozessreflexionen auf inhaltliche Aspekte der Geschlechterperspektive ein. Sie beschreiben oft umfangreiche Aha-Erlebnisse und neue Erkenntnisse, die sie durch die Datenanalyse und die Gruppendiskussionen über das Geschlechterverhältnis gewonnen haben. Im Folgenden werden aus allen inhaltlichen Bereichen Originalaussagen der Studierenden festgehalten. Der Umfang spiegelt die Breite der inhaltlichen Auseinandersetzungen wieder.

Gewalt

„Rückblickend hat die intensive Auseinandersetzung mit dem Thema Gewalt meine Sichtweise verändert. Insgesamt ist meine Wahrnehmung dessen differenzierter und sensibler geworden, so fallen mir z. B. Artikel und Berichte in Medien (...) sehr viel schneller auf als zuvor. Auch bei einer Exkursion zur Evangelischen Gesellschaft ließ sich bei der Besichtigung der verschiedenen Einrichtungen ein deutlicher Bezug zum Thema Gewalt herstellen. Sei es bei den Bewohnern eines Obdachlosenheimes oder bei den Besuchern einer Wärmestube. (...) im unterschiedlich hohen Männer- und Frauenanteil ließ sich eine Bestätigung der gelesenen Tabellen feststellen." (w)

„Es war interessant zu lernen, wie extrem unterschiedlich die Rollenverteilung zwischen Mann und Frau ist, was die Gewalt angeht." (w)

„Als ich mich für die Arbeitsgruppe ‚Gewalt‘ entschied, hatte ich zunächst keinerlei konkrete Vorstellungen über Gewalthandlungen und Gewaltbetroffenheit von Frauen und Männern. (...) Besonders interessiert und angesprochen haben mich Texte und Tabellen über Kriminalitätsfurcht von Männern und Frauen. Vor allem die Tatsache, dass sich Frauen in privaten Räumen sicherer fühlen, obwohl dort die meiste Gewalt gegen sie verübt wird, bzw. dass Männer umgekehrt kaum Angst an öffentlichen Orten haben, an denen ihnen jedoch am meisten Gewalt widerfährt (...)." (m)

„Gerade beim Thema Gewalt kam es zu Gesprächen im Anschluss an vorgestellte Themen, welche wir gedanklich erst fassen, die Fakten realisieren und dies in der Gruppe austauschen ‚mussten‘. Für mich persönlich war das Thema sowohl sehr interessant als auch sehr anstrengend, wenn man die Zahlen und Fakten (...) ansieht. Anscheinende Widersprüche, zum Beispiel bei der Frage, wo Männer und Frauen sich sicher fühlen, weckten bei mir Interesse an den Hintergründen und Gedankengängen von Männern und Frauen und warum diese scheinbar mit den reellen Fakten in Kontrast stehen. Erschreckend war die Tabelle über die Anzahl der Opfer häuslicher Gewalt, wobei ich überzeugt bin, dass die Dunkelziffer bei Weitem höher liegt." (m)

„Durch die Beschäftigung mit den Daten, aber auch durch die Diskussion in der Gruppe ist mir bewusst geworden, wie wichtig die Soziale Arbeit im Bereich von Gewaltprävention und Unterstützung und Beratung von Opfern ist." (w)

„Inhaltlich fand ich interessant, dass die Statistik in einigen Punkten von der allgemein üblichen Meinung abweicht. So ging daraus hervor, dass die Angst vieler Frauen, draußen von einem wildfremden Mann überfallen zu werden, am wenigsten begründet ist, sondern dass die meisten Täter innerhalb der Familie und im Bekanntenkreis zu finden sind." (w)

„Die Auseinandersetzung mit den genauen Daten und Fakten hat mir aber das Ausmaß der Gewalt, auch gerade gegen Frauen, verdeutlicht. Das zeigt mir, dass Frauen nach wie vor unterstützt und ermutigt werden müssen, sich zu wehren und aus diesen Situationen auszusteigen." (w)

„Die Beschäftigung mit dem Thema Gewalt in Bezug auf Geschlechter war für mich neu." (w)

„Was mich auch sehr schockierte, war die Statistik, dass jedes vierte oder fünfte Mädchen in Deutschland sexuellen Missbrauch erfährt. Die Zahl ist erschreckend hoch." (m)

Einkommen

„In meiner Arbeitsgruppe fiel es uns schwer zu akzeptieren, dass auch in Deutschland das Erwerbseinkommen von Frauen deutlich unter dem der Männer liegt. (...) Es ist aber so, dass Frauen prozentual häufiger in Berufen arbeiten, in denen das Einkommen niedriger ist. (...) Hier stellt sich dann die Frage, warum Frauen grundsätzlich in schlechter bezahlten Jobs als Männer arbeiten, warum sie seltener Führungspositionen innehaben. Es ist natürlich auch zu überlegen, warum die soziale pflegerische Arbeit schlechter bezahlt wird, also weniger wert ist als die Arbeit an einer Maschine." (w)

„Es war für uns immer wieder erschreckend, wie weit die Unterschiede zwischen den Gehältern von Mann und Frau tatsächlich auch heute noch sind. So war es auch immer wieder erstaunlich, wie groß die Differenzen zwischen Ost und West in Bezug auf die Gehälter sind." (m)

„Ich bin erstaunt bis entsetzt, dass es heute noch so große Einkommensunterschiede zwischen Frauen und Männern gibt. Das war mir zuvor überhaupt nicht bewusst. In meiner Naivität habe ich gedacht, dass zumindest in diesem Bereich weitgehend ein Angleichen stattgefunden hat. Die Zahlen zeigen, dass auch hier noch etwas passieren muss." (w)

„Ich empfand es als ungerecht, dass so wichtige soziale Berufe im Vergleich zum Handwerks- oder Bankenwesen so schlecht bezahlt werden. (…)
Dass das Gefälle zwischen Ost und West – egal ob bei der Angleichung der
Gehälter von Frauen und Männern oder der Erwerbstätigkeit der Frauen –
dennoch so gravierend ist, war mir nicht bewusst." (w)

Gesundheit

„So unterhielten wir uns lange über die Tatsache, dass Frauen grundsätzlich eine größere Lebenserwartung als Männer haben. Es gab unterschiedliche Meinungen und verschiedene Thesen, warum dies so ist." (m)

„Zu Anfang hatte ich kein klares Bild davon, um welche Unterschiede
zwischen Mann und Frau es bei dem Thema genau geht. Da ich mich aber
sehr für die Gesundheit des Menschen interessiere, entschied ich mich für
dieses Thema. (…) Durch die Aufstellung der Fakten und Thesen bekamen
wir einen guten Überblick. Dabei fiel uns auf, dass eine These für verschiedene Fakten gelten kann, das heißt, dass bei dem Thema Gesundheit viel
zusammenhängt und sich gegenseitig beeinflusst." (w)

„Wir diskutierten beispielsweise ausführlich, dass die Mehrzahl der
Selbstmordopfer männlich ist. Ich hatte das Thema ‚Rauchen und Drogen'
und war erstaunt, wie unterschiedlich oft Frauen und Männer immer noch
Drogen konsumieren und Männer häufiger zu sogenannten ‚harten' Drogen greifen, während Frauen häufiger tablettenabhängig werden." (w)

„Wir diskutierten lange über das Thema Selbstmord von Männern
und Frauen und Depressionen unter Männer/Frauen und ob diese beiden
Themen zusammenhängen. Einige Fakten überraschten mich sehr." (w)

„Ich habe einen guten Gesamtüberblick über den Bereich Gesundheit
bekommen. Durch die regelmäßigen Treffen der Gruppe konnte man sehr
gut sehen, wie sich das Wissen und die Fähigkeit z. B. beim Lesen von
Statistiken verbessert hat." (m)

Soziale Sicherung

„Mich hat gewundert, dass in der heutigen Zeit die Frauen immer
noch benachteiligt werden bzw. sind." (w)

„Am Anfang dachten wir, bei diesem Thema gibt es eigentlich nicht
viel, was man noch neu dazulernen kann, doch wir sind schnell eines
Besseren belehrt worden und mussten erkennen, wie viel dahinter steckt.
(…) Auch eine wichtige Erkenntnis dieser Arbeit ist die Tatsache, dass auch

heutzutage noch ein krasser Unterschied der Geschlechter vorhanden ist und wie es um die Gleichberechtigung in Deutschland steht. In manchen Bereichen könnte man vermuten, dass sie nicht einmal ansatzweise stattfindet und dass wir weit von einem gleichen Niveau der Geschlechter entfernt sind. (...) Die Arbeit mit diesem Thema hat mir sehr viel gebracht und mir in vielen Bereichen die Augen geöffnet." (m)

„Unser Thema der Sozialen Sicherung lies uns immer nachdenklicher, ja auf einer Seite bedrückender werden. Waren wir vier Frauen doch in einem Alter, wo wir uns als Betroffene mehr denn je fühlten. Gerade die Renten, Arbeitslosenhilfe, Alleinerziehende und Armut im Alter ... machten sehr die Benachteiligung der Frau im Vergleich zum Mann deutlich. (...) Ich für meinen Teil fühle mich in meinem Bestreben dieses Studium zu bewältigen bestärkt. Die Benachteiligung im Bewusstsein, vor allem im Hinblick auf die Soziale Sicherung, werde ich weiter meinen Weg gehen." (w)

Bildung

„Am Anfang des ersten Semesters konnte ich mit dem Begriff „Gender" noch überhaupt nicht anfangen. Nach und nach hat sich unter dem Begriff eine Menge angesammelt." (m)

„In diesem Seminar wurde mir bewusst, dass wir in unserer Gesellschaft noch lange keine Gleichberechtigung zwischen Frauen und Männern haben und dass dies noch ein sehr großes Problem in unserer heutigen Zeit ist. Gerade wir als Studenten der Sozialen Arbeit müssen uns mit diesem wichtigen Thema befassen und die Umsetzung in den täglichen Lebenslauf integrieren. Viele Probleme, die zwischen den Menschen existieren, sind auf diese noch nicht vorhandene Gleichberechtigung zurückzuführen, sei es in der Partnerschaft oder im Berufsleben." (m)

„Wichtige Erkenntnisse über die Bildung sind für mich hauptsächlich, dass der Frauenanteil bei den Studierenden der Naturwissenschaften, Mathematik und Informatik in Deutschland viel geringer ist als in anderen europäischen Ländern." (m)

„Überraschend war für mich die Erkenntnis, dass mehr Lehrerinnen als Lehrer an fast allen Schulen unterrichten, sie aber nach wie vor in Schulleitungspositionen in der Minderheit sind." (w)

„Es gibt jede Menge im Bereich ‚Bildung', was man wissen sollte. Mir sind die Tabellen und die Fakten besonders aufgefallen, die die Abschlüsse deutscher Mädchen und deutscher Jungen vergleichen. Nach diesen Statistiken erwerben nicht nur deutsche junge Frauen im Durchschnitt höhere

Abschlüsse als deutsche junge Männer, sondern auch ausländische jungen Frauen höhere als ausländische junge Männer." (w)

„Bei einer Tabelle sind wir dann auf eine Auswertung gekommen, dass sich viele Menschen ihre/n Partner/in, bewusst oder unbewusst, nach dem Bildungsweg aussuchen. Das heißt, ein/e Abiturient/in sucht sich eher eine/n Partner/in, die/der auch Abitur gemacht hat, als eine/n mit einem niedrigen Schulabschluss. Wir haben uns gefragt, wie das wohl an unserer Evangelischen Fachhochschule ist. Wir haben Fragebögen erstellt, an der Hochschule verteilt und ausgewertet." (m)

„Ein interessantes Thema war die Partnerwahl von Männern und Frauen in Abhängigkeit zum Bildungsniveau. Es motivierte uns, eine eigene Befragung unter den Studierenden der efh durchzuführen und uns Gedanken zu machen, wie solch ein Fragebogen aussehen könnte, welchen Fragen darin vorkommen sollten." (w)

Vereinbarkeit von Familie und Beruf

„Das Thema ‚Wiedereinstieg in den Beruf‘ fand ich auch als Mann recht interessant, da ja nach der Elterngeldverteilung auch die Männer in die Elternzeit mit hineingenommen werden. Hier denke ich mal, dass sich noch mehr Männer früher oder später mit dem ganzen Thema mehr auseinandersetzen müssen." (m)

„Zunächst definierten wir für uns persönlich den Begriff „Familie" und verglichen das dann mit den Definitionen in unserem Material. In diesen Gesprächen kamen wir immer auf neue weitreichende Punkte." (w)

„In den ersten Treffen waren eher angespannte Verhältnisse. Die Gruppe spaltete sich in drei Teile, der eine war der Ansicht, Frauen sollten arbeiten gehen, der zweite war für das traditionelle Rollenbild und der dritte war eher neutral und versuchte einen Mittelweg zu finden. (…) Nach und nach entwickelte sich ein gewisses Verständnis durch die Tabellen und die ganzen Rahmenbedingungen der Gesellschaft. Es entstand ein sogenannter ‚Aha-Effekt‘, der uns so weit brachte, dass wir einander etwas angrinsten, wenn wir uns gegenseitig wieder ins Gehege kamen und die Situation einfach besser einschätzen konnten. Ich habe dann einer Gruppenteilnehmerin mitgeteilt, dass mir diese Auseinandersetzungen für mein persönliches Verständnis viel gebracht haben. Die Person meldete mir ähnliches zurück und wir lachten darüber. Das war ein Erfolgserlebnis." (w)

„Erstaunlich waren für uns die immer noch sehr großen Ost-West-Unterschiede. (…) Was uns verstärkt aufgefallen ist, dass sich die gewünschte Erwerbsmöglichkeit von der tatsächlichen Erwerbstruktur sehr unterscheidet. Wenn so viel Nachfrage nach Teilzeitstellen besteht, wieso gibt es dann so wenig Möglichkeiten?" (w)

„Mir ist aufgefallen, dass es zwar einfach ist, in der Runde über das Thema zu reden, es aber ziemlich schwierig ist, sich dabei auf richtigen Fakten zu beschränken. So kamen wir immer ziemlich schnell ins Gespräch über allgemeine und oft auch stereotypische Ansichten über das Thema Familie und Vereinbarkeit." (w)

„Interessant ist, dass oft die Vorstellungen über Vereinbarkeit von Familie und Beruf nicht mit der Realität übereinstimmen. Viel mehr Mütter würden gerne eine Teilzeitarbeit haben, sind aber erwerbslos." (w)

„Was mich an den Daten erstaunt hat, ist die Feststellung, dass die Männer (auch die jüngeren) noch stärker an dem traditionellen Familienbild festhalten als die Frauen." (w)

„Am Ende des ersten Semesters würde ich sagen, dass noch viele Fragen, die mir jetzt gekommen sind, unbeantwortet geblieben sind. Allerdings sehe ich jetzt auch vieles in meiner Umgebung mit einem anderen Blick. Ich sehe sozusagen alles ein bisschen mehr aus der ,Genderperspektive'. (w)

„Ich habe zu Beginn der Gruppenarbeit nicht gedacht, dass es für Frauen immer noch so schwierig ist wieder in das Berufsleben einzusteigen. (...) Insgesamt war mir vor diesem Modul nicht so richtig bewusst, dass es doch noch fast überall geschlechtsspezifische Unterschiede gibt. Aber während des gesamten Moduls ist mir bewusst geworden, wie wichtig das Bewusstsein gegenüber den Geschlechtern gerade in der Sozialen Arbeit ist. (...) Ich bin froh, dass wir die CD mit allen Themen zur Gleichstellung von Frauen und Männern in Deutschland bekommen haben." (w)

„Der Begriff ,Gender' war mir zu Beginn des Seminars noch völlig fremd. Ich hatte mich zuvor noch nie mit dem Thema Gleichstellung von Männern und Frauen beschäftigt und fand es sehr spannend, etwas in diesem Bereich zu lernen." (w)

„Bei der Auswertung unseres Themenbereichs, der Vereinbarkeit von Familie und Beruf, kamen wir zu der Ansicht, dass die Gesellschaft unsere Meinungen und Einstellungen enorm prägt. Das wurde im Vergleich von Ost- und Westdeutschland deutlich." (w)

„Wir haben festgestellt, dass die Frau (in unserer westdeutschen Gesellschaft zumindest) es eigentlich nie richtig machen kann. Geht sie als Mutter arbeiten, wird sie schnell als Rabenmutter verurteilt, bleibt sie zu Hause, wird sie als unemanzipierte Hausfrau abgestempelt, die der Frauenbewegung massiv in den Rücken fällt." (w)

Lebensformen

„Interessant war auch, welche Daten es zum Thema Familien- und Lebensformen gibt. Dass Geburtenziffern erhoben werden, wusste ich zuvor schon, und dass es immer mehr Frauen gibt, die spät Erstgebärende sind, auch, wobei ich hier trotzdem interessant finde, Daten darüber zu haben, wie die Zahlen in den letzten Jahren gestiegen sind.“ (w)

„Spannend finde ich auch, dass Frauen durchschnittlich etwas früher aus dem Elternhaus ausziehen als Männer und dass durchschnittlich die meisten Frauen mit 80 oder mehr Jahren verwitwet sind und im Vergleich dazu durchschnittlich die meisten Männer mit 80 oder mehr Jahren mit dem Ehepartner zusammenleben.“ (w)

„Mir ist klar geworden, wie wichtig es ist, eine objektive Diskussion zu führen. Lebensformen ist ein Thema, von dem sich viele Menschen automatisch schnell angesprochen fühlen, vor allem emotional. Im Gruppenprozess machten wir die Erfahrung, dass man zum Diskutieren über Fakten eine Ebene finden muss, auf der Emotionen erst einmal keine Rolle spielen, auch wenn dies teilweise äußerst schwer umzusetzen ist.“ (m)

„Je weiter wir uns in dieses Thema hineinarbeiteten, desto mehr fing es an Spaß zu machen.“ (m)

Politische Partizipation

„Wir hatten viel Freude, uns mit der spannenden Thematik auseinanderzusetzen und diese dann zu diskutieren. (...) Durch die uns vorliegenden Materialien wurde uns die in unserer Gesellschaft immer noch herrschende Ungleichheit zwischen den Geschlechtern nochmals verdeutlicht. In der Politik sind immer noch hauptsächlich Männer in Führungspositionen. Dies kann zum einen daran liegen, dass immer noch mehr Männer im traditionellen Familienbild die Ernährer sind, Frauen stellen ihre berufliche Laufbahn eher in den Hintergrund, um sich um die häuslichen Tätigkeiten zu kümmern. (...) Es ist ein Phänomen, dass Männer in sozialen Berufen sehr einfach nach oben steigen und dadurch mehr Geld verdienen.“ (m)

„Wir haben uns intensiv mit der Frage beschäftigt, warum die Frauenanteile im EU-Parlament in Schweden höher als in Deutschland sind. Dabei fand ich die Diskussion über dieses Thema sehr interessant.“ (w)

„Ich fand es beeindruckend, wie unterschiedlich die politische Beteiligung von Frauen und Männern in den verschiedenen Ländern ist.“ (w)

„Ganz deutlich wurde die Benachteiligung der Frauen, das immer noch bestehende Ungleichgewicht zwischen Mann und Frau." (w)

„Wobei die Zahlen und Daten erschreckende Aussagen über die Ungleichverteilung zwischen beiden Geschlechtern im sozialpolitischen Kontext aufzeigen. Dies führte in unserer Gruppe zu heftigen Debatten über die Hintergründe, Strukturen und die realen Geschlechterbilder." (m)

„Wir stellten uns Fragen wie beispielsweise: In welche Richtung entwickelt sich das Geschlechterbild? Inwieweit hat sich die Rolle der Frau verändert? Wodurch sind Gehaltsunterschiede erklärbar? Was rechtfertigt diese Gehaltsunterschiede? Welche Möglichkeiten gibt es, das aktuelle Rollenbild zu verändern?" (m)

Behinderung

„Einige Informationen überraschten mich und regten mich zum Nachdenken an, wie zum Beispiel, dass mehr Jungen als Mädchen Sonderschulen besuchen." (w)

„Wir haben uns auf das Thema Behinderung und Bildung spezialisiert, weil hier interessante geschlechtsspezifische Aussagen gemacht werden konnten. Die Statistik, die uns ganz besonders interessiert hat, zeigte den Anteil von Mädchen und Jungen in den verschiedenen Sonderschulen. (...) Uns beschäftigte daraufhin die Frage, warum mehr Jungen in den Förderschwerpunkten ‚emotional und sozial behindert' eingestuft sind." (w)

„Vor dem Studium konnte ich viele Erfahrungen im Bereich der Behindertenarbeit sammeln. Deshalb hat es mich sehr interessiert, was sich wohl hinter der Genderperspektive zum Thema Behinderung verbirgt. (...) Ich habe herausgefunden, dass in Westdeutschland behinderte Frauen keinen oder nur einen schlechteren Berufsabschluss haben als behinderte Männer." (w)

„Aufgrund der großen Auffälligkeit in den Bildungsstatistiken und der These, dass mehr Jungen eine psychische Behinderung als Mädchen haben, fiel uns die Entscheidung über die Vertiefungswahl leicht." (w)

„Aufgrund der Statistik sind wir auf das Thema emotionale Behinderung gestoßen. Das Auffällige an der Statistik war, dass mehr Jungs emotional behindert sind als Mädchen. Das hat uns hellhörig gemacht, und wir wollten wissen, warum das so ist." (w)

„Im Hinblick auf Behinderung und Gender gab es viel Neues. Das hat zu einer Änderung des Blickwinkels geführt. Es gibt heute noch Unterschiede in den Geschlechtsrollen, die mir vorher nicht aufgefallen wären." (w)

„*Das Thema Behinderung war für mich zwar nicht ganz neu, da ich schon in verschiedene Bereiche der Behindertenarbeit hinein geschnuppert habe. Dennoch waren viele Informationen unerwartet. (...) Ich hätte nicht einmal im Entferntesten dran gedacht, dass es überhaupt Unterschiede zwischen weiblichen und männlichen Behinderten gibt. (Im Nachhinein sehr naiv von mir!).*" (w)

Sexuelle Gewalt (von Projektgruppe selbst gewähltes Thema)

„*Ich war sehr froh, dass ich mich nicht alleine mit diesem Thema befasste, denn auch wenn es hauptsächlich um das Lernen von Tabellen, Diagrammen usw. ging, wurde man mit jeder dieser Tabellen mit der grausamen Wahrheit konfrontiert. Und wenn die anderen mir erzählten, was sie an Informationen herausgefunden haben, sah man – egal welche Statistik man sich anschaute –, dass die Zahlen einfach zu hoch sind. Daher war es mir besonders wichtig, mit den anderen zu reden und zu sagen, wie man sich fühlt, wenn man so etwas liest.*" (w)

„*Wir entschlossen uns gemeinsam, unser selbst gewähltes Thema sexuelle Gewalt in fünf kleine Unterthemen zu gliedern. (Wie ist sie definiert? Wer übt sie aus? Wie ist sie in Deutschland verbreitet? Wie ist sie in anderen Ländern verbreitet? Wie wird sie bestraft?).*" (w)

Homosexualität (von Projektgruppe selbst gewähltes Thema)

„*Ich fand das Thema interessant und war hoch motiviert. (...) Wir versuchten, aus der CD spezielle Daten zu Homosexualität herauszufiltern. Nachdem wir nach langer Suche immer noch nichts gefunden hatten, suchten wir Daten aus dem Internet. Wirklich viel kam dabei nicht heraus, und wir wussten auch nicht, wie zuverlässig die Daten sind.*" (w)

„*Unsere Gruppe fand keine Daten auf der CD, sodass wir beschlossen, selbst Daten zu erheben. Dafür haben wir erst einmal Fragen zusammengetragen, die wir zu diesem Thema stellen wollen. (...) Wir überlegten, ob wir nicht in ein Internetportal für homosexuelle Menschen den Fragebogen einstellen sollen, denn auf diesen Homepages treffen sich ja viele homosexuelle Menschen, um sich über verschiedene Problematiken des Alltags auszutauschen. Nach ein paar technischen Problemen steht der Fragebogen nun im Internet zum Ausfüllen bereit.*" (w)

5.3 Transfer

„Nach und nach habe ich dann verstanden, wie wichtig es ist, Statistiken zu lesen und richtig zu verstehen. Vor allem in der Sozialen Arbeit ist es sehr wichtig, Statistiken zu durchschauen, da es später oft darum gehen wird, durch eine Statistik eine gewisse Situation z. B. in einem sozialen Brennpunkt darzustellen, um neue Gelder für verschiedene Projekte zu beantragen." (m)

„Immer größer wurde das Interesse, wie die einzelnen Diagramme zustande kamen. Und ob sie von Frauen oder Männern erstellt wurden. Dieser Frage bin ich nachgegangen, und habe mich diesbezüglich an das Statistische Bundesamt gewendet." (m)

„Darüber hinaus ist mir klar geworden, wie wichtig es an der FH ist, dass man Faktenwissen besitzt, wenn man hochschulpolitisch aktiv sein möchte. Hier gilt: Politisches Handeln ist für mich ohne Kenntnisse schlichtweg nicht möglich. Dazu brauchen wir Statistiken und Erhebungen." (w)

„Je weiter wir in die Grafiken hineingegangen sind, desto mehr stellten wir fest, auf wie viele Einzelheiten man achten müsste, um wirklich eine ganz eindeutige Aussage treffen zu können." (m)

„Ich lernte dadurch, die Fakten zu betrachten und mich nicht mit vorgefertigten Meinungen einem Thema zu nähern. Dies brachte auch die eine oder andere Überraschung mit sich. Den Ist-Zustand anzusehen und ihn nicht über dies hinaus zu interpretieren. Zusammenhänge zwischen Daten erschlossen sich besser. (...) Wie vorurteilhaft unsere Meinung über einen Sachverhalt sein kann, ohne die Fakten wirklich genau zu kennen, ist eigentlich erschreckend." (w)

„Für mich war das Modul hilfreich, um mir bei der Auseinandersetzung mit Statistiken auch einen Bezug herzustellen. Jetzt fällt es mir leichter, mich an sie heranzuwagen und einen Bezug zum Alltag herzustellen. Ich habe eine Vorstellung davon bekommen, wie mir richtige Fragestellungen neue Richtungen geben können. Was eigentlich noch alles damit in Zusammenhang stehen könnte. Oder eigentlich noch dahinter stecken könnte. Ein sehr komplexes und unbegrenztes Feld." (w)

„Hinsichtlich der Sozialen Arbeit finde ich durchweg ALLE Aspekte und angesprochenen Themen wichtig, weshalb ich dieses Genderwissen auch als Grundlage empfinde, um überhaupt in der Sozialen Arbeit tätig sein zu können." (w)

6. Erfahrungen der Studierenden im Gruppenprozess der Projektgruppe

6.1 Allgemeine Einschätzungen

Die meisten Studierenden gehen ausführlich auf ihre Projektgruppe ein. Die Bedeutung für den eigenen Lernprozess wird in der Regel sehr hoch eingeschätzt und die Faktoren werden reflektiert, die zum Erfolg oder Misserfolg beigetragen haben. Als förderlich wurden benannt: Zuverlässigkeit, Pünktlichkeit, Diskussionsbereitschaft, Offenheit für andere Meinungen. Als hinderlich wurde genannt: unterschiedliche Motivation, fehlender Raum für Projektgruppentreffen, keine klaren Vorgaben u. v. m.

Viele Projektgruppen berichten selbstkritisch darüber, sich schnell in Diskussionen über persönliche Positionen zu Mann/Frau-Fragen verstrickt zu haben, ohne empirische Erkenntnisse zu berücksichtigen. Solche persönlich gefärbten Diskussionen wurden als lebendig erlebt und im Sinn des Gegenseitigen Sich-Kennenlernens begrüßt. Im Hinblick auf die Schärfung der Argumentationsfähigkeit wurden sie als hinderlich erkannt.

Gruppenarbeit als Methode neu

„Bisher hatte ich wenig Erfahrung in Gruppenarbeit gehabt. Durch die studentische Arbeitsgruppe habe ich gesehen, wie viel man von anderen in der Gruppenarbeit lernen kann." (w)

„Für mich war die Arbeitsweise in einer studentischen Arbeitsgruppe eine völlig neue Erfahrung. (...) Durch diese tolle Zusammenarbeit hatte ich einen schönen Lernerfolg." (w)

„Am Anfang habe ich die Gruppenarbeit eher als schwierig empfunden, da ich aus der Schulzeit überhaupt nicht gewöhnt war, über einen längeren Zeitraum selbstständig ohne Lehrer mit einer Gruppe zu arbeiten." (w)

„Ich habe es als erfrischend empfunden, während des Semesters nicht in eine Vorlesung gehen zu müssen, sondern sich in einer Gruppe zu treffen und in einer guten Atmosphäre mir Wissen anzueignen." (w)

Gruppenarbeit als positive Erfahrung

„Durch die Gruppenarbeit sah ich viele Dinge aus einem ganz anderen Blickwinkel und wurde auf Ursachen gelenkt, an die ich gar nicht gedacht oder die ich völlig übersehen hätte." (w)

„In der Arbeitsgruppe war Zeit und Raum, Fragen zu stellen und Nichtwissen zu äußern. Bei Fragen war die Reaktion kein bloßes Belehren, sondern ein gemeinsames Suchen nach der Lösung." (w)

„Diese studentische Arbeitsgruppe fand ich gut, weil wir so untereinander unsere Treffen ohne Zeitdruck abstimmen und uns auch mal gegenseitig was beibringen konnten. Man hat es nämlich erst richtig verstanden, wenn man es dem anderen richtig erklären kann." (w)

„Mir hat es sehr viel gebracht, mit der Gruppe darüber zu reden. Die Meinungen der anderen zu hören und gemeinsam etwas zu erschließen. Oft konnte jemand anders noch etwas dazu beitragen, was die anderen noch nicht bedacht hatten." (w)

„Alles in allem bin ich sehr zufrieden mit der Gruppe und war ein wenig verwundert, als die Dozentin in der letzten Besprechung sagte, dass es Gruppen gab, die sich nicht verstanden haben." (m)

„Es war toll, ohne jegliche Wertung verbessert zu werden und gleichzeitig zu sehen, dass die anderen Studierenden gleiche oder ähnliche Fehler machten, von denen ich lernen konnte."(w)

„Alles in allem war diese Erfahrung innerhalb von Lerngruppen zu arbeiten ein äußerst positiver Prozess, denn gemeinsam ‚wurschtelt' man sich auch irgendwann durch die ‚abartigste' Tabelle oder Statistik und man geht mit viel mehr Wissen hervor als zum Zeitpunkt an dem man begonnen hat." (w)

Bedeutung für weiteres Studium und den Beruf

„Ich denke, dass diese Art von Zusammenarbeit eine gute Übung für das spätere Berufsleben ist, denn in fast allen sozialen Berufen arbeiten Frauen und Männer in einem Team zusammen. Für mich persönlich war das eine gute Übung, um zu lernen, in einer Gruppe effektiv zu arbeiten." (w)

„Mir ist deutlich geworden, was uns die Arbeit in den Gruppen bringen kann und wie wichtig sie für die Praxis der Sozialen Arbeit ist." (m)

„Für das weitere Studium hat diese Gruppenarbeit sehr viel gebracht. (...) Es war im 1. Semester eine gute Erfahrung, sodass ich vor weiteren Gruppenarbeiten keine Angst zu haben brauche." (m)

„Ich fand das Arbeiten in den Arbeitsgruppen super sinnvoll, denn ich hätte mich sonst nicht wirklich so intensiv mit dem Lesen von Statistiken beschäftigt." (w)

Aus dem Misserfolg gelernt

„Ein gemeinsames Lernen war in dieser Gruppe nicht möglich. Ich denke, dass ich aber auch noch sehr an mir selbst arbeiten muss, damit ein erfolgreiches Lernen in einer Gruppe möglich wird und ich lerne, mich in den Lernprozess einer Gruppe einzubringen." (w)

„Eine Gruppe dieser Größe (sieben Studierende) eignet sich nicht zu einer solchen Arbeit. (...) Ich werde als persönliche Erfahrung mitnehmen, in Zukunft große Gruppen zu meiden, möchte ich wirklich produktorientiert arbeiten." (m)

6.2. Einschätzungen zur Gruppenzusammensetzung Männer/Frauen

Bei der Bildung der Projektgruppen zu Beginn des Semesters wurde seitens der Dozentin keinerlei Einfluss auf die Geschlechterzusammensetzung der Gruppe genommen. Von den insgesamt 37 Projektgruppen, die während der drei Semester von den Studierenden gebildet wurden, waren 18 gemischte Männer/Frauengruppen, 16 waren reine Frauengruppen und drei reine Männergruppen.

Geschlechtergemischte Gruppen

„So konnten (...) interessante Diskussionen und Spekulationen zum Teil auch zwischen den Geschlechtern entstehen." (w)

„Was ich noch als positiv empfunden habe war, dass wir eine gemischtgeschlechtliche Gruppe waren. Das hat das Thesenaufstellen oft spannend gemacht." (w)

„Dabei kam es besonders zwischen den männlichen und weiblichen Studenten zu Diskussionen, da immer wieder typische, hauptsächlich männliche Klischees aufgetaucht sind. Die Diskussion war jedoch nicht verhärtend, sondern hat sehr zu dem Erfolg beigetragen." (w)

„Unsere Gruppe besteht aus vier Frauen und zwei Männern. Ich bin einer davon. (...) Ich kann mich daran erinnern, wie ich mich mit einer

Kommilitonin aufs Ärgste gestritten habe. Wobei mir diese Wortgefechte am liebsten sind, da man dadurch viel vom Gegenüber erfahren kann.“ (m)

„Als einziger Mann in der Arbeitsgruppe zum Thema Gewalt dachte ich zuerst, es könnte heikel werden, da doch viele Statistiken von Männern angeführt werden, und ich befürchtete, eventuell als Negativbeispiel herhalten zu müssen. Doch zum Glück bewahrheitete sich meine Befürchtung nicht, ganz im Gegenteil. Die Kommentare, die ich zu Anfang gegen Männer befürchtet hatte, trugen dazu bei, dass in der Gruppe eine lockere Atmosphäre herrschte, denn sie waren nicht beleidigend, sondern witzig und passten in die Situation der Arbeitsgruppe.“ (m)

„Für mich war es sehr interessant zu sehen, wie Männer zu einem Thema stehen bei dem Frauen benachteiligt werden. Bei einer dieser Diskussionen (...) über die Benachteiligung von Frauen bei Gehaltszahlungen (...) wurde von männlicher Seite eingeworfen, warum Frauen sich dagegen nicht wehren und dass Männer sich das vermutlich nicht gefallen lassen würden. Diese Diskussion hat mich persönlich sehr beschäftigt. Ich frage mich jetzt immer noch, ob Frauen Benachteiligung einfach zu leicht hinnehmen und sich zu wenig gegen sie wehren? Liegen solche Vermutungen in der Geschichte, dass Frauen in patriarchalischen Gesellschaftsstrukturen sich unterordnen mussten?“ (w)

Frauengruppe/Männergruppe

Auch die reinen Frauengruppen und Männergruppen haben mit großer Zufriedenheit gearbeitet. In einigen Berichten wird sich bewusst mit der gleichgeschlechtlichen Zusammensetzung der Gruppe und deren Wirkung auf die inhaltliche Arbeit auseinandergesetzt.

„Unsere Arbeitsgruppe zur Gewalt bestand aus vier männlichen Mitgliedern, was unter der Berücksichtigung der Tatsache, dass Gewalt- und Sexualdelikte hauptsächlich von Männern begangen werden, eine offene Atmosphäre ermöglichte.(...) In unserer Gruppe herrschte eine gute Motivation und die regelmäßigen Treffen verliefen produktiv“. (m)

„Abschließend haben wir festgestellt, dass wir alle immer noch nicht frei sind von den immer noch vorhandenen typischen Frauenbildern.“(m)
„Wir waren eine vierköpfige Arbeitsgruppe von Familienfrauen über 40. (...). Diese Tatsache führte zu einer harmonischen Zusammenarbeit. Die ähnlichen Lebenssituationen haben es uns leicht gemacht, gegenseitig Verständnis auszubringen. (...). Die klaren Absprachen und die Gewissenhaftigkeit meiner Kommilitoninnen erleichterten mir das Arbeiten.“ (w)

Frauensprache – Männersprache

Nach Erfahrungen in den ersten beiden Durchgängen des Lehrexperimentes wurde im dritten Durchgang zusätzlich das Thema „Sprache und Geschlecht" in einem Vortrag im Plenum eingebracht. In den Beratungsgruppen wurde dazu angeregt, in den Gruppensitzungen darauf zu achten, wie sie sprechen.

„Da unsere Gruppe nur aus weiblichen Teilnehmerinnen bestand, haben wir versucht auf unsere Sprache zu achten und mehrmals gemerkt, dass wir männliche Formen benutzten, obwohl nur Frauen gemeint waren. Diese Feststellung war auch ein weiterer Grund zur Diskussion, warum unser Sprachgebrauch so patriarchalisch ist."(w)

„Ein weiterer sehr wichtiger Punkt in unserer Gruppenarbeit war, dass wir sehr darauf geachtet haben, dass wir auch immer in der ,Sie-Sprache' sprechen. Am Anfang fiel uns das sehr schwer. Doch gegen Ende unserer bisherigen Gruppenarbeit wurde es immer besser!!!" (w)

„Wahrscheinlich werde ich mich mit der gendergerechten Sprache noch ziemlich lange schwer tun, aber zumindest hat mir dieses Seminar bewusst gemacht, dass diese Art der Sprache existiert und nicht falsch, sondern einfach nur anders ist." (w)

„Uns ist aufgefallen, dass alle von uns, obwohl wir eine reine Frauengruppe waren, oft die männliche Sprache nutzen. Ich habe es sofort gemerkt, als ich gesprochen habe: ,hat das jeder von euch?' Es war gut, dass Sie uns beim ersten Treffen mit Ihnen darauf hingewiesen haben, auf die Sprache zu achten. Nach diesem Gender-Modul bin ich sensibilisiert worden, genauer wahrzunehmen und auf meine Sprache zu achten." (w)

„Das Diskutieren über weibliche Sprachformen war meines Erachtens auch sehr wichtig. Denn seit dem gehe ich zumindest bei der Erarbeitung von Hausarbeiten sorgfältiger mit gewissen Begrifflichkeiten um und bin auch in meinem alltäglichen Sprachgebrauch bemüht weibliche Sprachformen zu nutzen. Als ich neulich meinen Beruf (Erzieherin) in einer sechsten Klasse vorgestellt habe, benutzte ich bewusst beide Formen, sodass sich auch die Jungen in der Klasse angesprochen fühlten und nicht meinen, dieser Beruf sei nur für Frauen bestimmt. Durch die gute Mitarbeit von Jungen habe ich die positive Erfahrung gemacht, dass auch sie sich angesprochen fühlten." (w)

7. Erfahrungen der Studierenden in Beratungssitzungen mit Dozentin

Diejenigen, die in ihrer Reflektion auf die Beratungsangebote der Dozentin eingegangen sind, tun dies mehrheitlich in einem positiven Kontext.

„Nach der Beratungssitzung sind inhaltlich ganz neue Fragen entstanden und wir betrachteten die dargestellten Informationen wesentlich kritischer als vor dieser Beratungssitzung." (w)

„Die Treffen mit der Dozentin haben uns sehr weitergeholfen. Wir konnten Inhalte, die nicht klar waren, besprechen, Fragen stellen, unsere Arbeit reflektieren, sehen, wie andere Gruppen arbeiten und einfach Rücksprache halten. Es gab mir auch eine Sicherheit, dass wir erfahren konnten, ob wir auf dem richtigen Weg sind." (w)

„Ich fand es sehr angenehm, dass wir über das Semester verteilt regelmäßig Termine mit anderen Gruppen hatten, in denen wir angeleitet wurden, Fragen stellen konnten und neue Anregungen bekommen haben. So konnten wir selbstständig arbeiten, aber waren dennoch nicht komplett auf uns alleine gestellt." (w)

„Die Beratungen gaben uns Sicherheit, dass wir erfahren konnten, ob wir mit der Bearbeitung der Tabellen auf dem richtigen Weg waren." (w)

„Auch die Anleitung bei den regelmäßigen Treffen mit den anderen Gruppen war sehr interessant, und die Möglichkeit, dabei Fragen stellen zu können, war sehr hilfreich. Durch diese Unterstützung konnten wir unsere selbst erarbeiteten Ergebnisse überprüfen und verbessern." (w)

„Die individuelle Beratung in der Gruppe war super! Darüber war sich die ganze Gruppe einig. Gerne hätten wir öfter und länger solche Treffen gehabt. (…) Viele Aspekte erschienen dadurch in einem anderen Licht und regten uns zum Nachdenken und Diskutieren an." (w)

„Die Beratungstreffen fand ich hier auch unterstützend, denn man konnte sich Rückmeldungen holen und offene Fragen klären. Für mich war das wichtig, denn sonst hätte ich mich in dem Modul sehr alleingelassen bzw. unangeleitet gefühlt." (w)

8. Erfahrungen der Studierenden mit dem didaktischen Konzept

8.1. Selbststeuerung ohne Abschlusskontrolle

Viele Studierenden nehmen in ihrer Lernprozessreflexion Stellung zu der geforderten Selbstständigkeit in einem selbst gesteuerten Lernprozess. Alle sind sich darin einig, dass die Offenheit des Konzeptes und die Freiwilligkeit einer Abschlusspräsentation eine Herausforderung an die Selbstständigkeit darstellt. Der Unterschied besteht einzig darin, dass die einen die Offenheit förderlich, die anderen hinderlich erlebt haben. Letztere benennen mehrfach, dass sie mehr Druck und konkrete Vorgaben brauchen. Im Einzelnen beschreiben die Studierenden ihre Haltungen wie folgt:

Pro

„Die Methodik der Kleingruppe war für mich eine schöne Erfahrung, da es Spaß gemacht hat, gemeinsam mit den anderen Gruppenmitgliedern eine Thematik zu erarbeiten. Es ist eine gute Methode, sich etwas zu verinnerlichen, wenn man darüber ein Gespräch bzw. eine Diskussion führen kann. Allerdings sollte eine Lerngruppe keine Spaßgruppe sein. Es gehört viel Disziplin dazu, etwas zu erarbeiten und zu vertiefen.“ (w)

„Ich finde diese Methode empfehlenswert, obwohl sie auch Gefahren mit sich bringt, die die Studierenden aber selbst zu tragen und zu verantworten haben. Mit dieser Methode müssen Studierende Eigenverantwortung übernehmen, was ich für eine wichtige Fähigkeit erachte und beim Studium nicht fehlen darf.“ (w)

„An dem Ergebnis unserer kleinen Umfrage hat uns gefreut, dass wir uns selbst die Frage gestellt hatten, die Idee umgesetzt haben und dann am Ende ein Ergebnis auf dem Tisch lag.“ (m)

„Ich habe mich durch diese gruppentypische Arbeit persönlich und auch intellektuell weiterentwickelt.“ (m)

„Es war für mich eines der interessantesten Seminare, wenn nicht sogar das interessanteste Seminar.“ (m)

„Ich kann nur befürworten, diese Art von Arbeit für die neuen ersten Semester weiterzumachen.“ (m)

„Die Methode der Erarbeitung war sehr gut. Ich denke, dass man durch selbstständiges Erarbeiten am meisten lernen kann." (w)

„Für mich war diese Gruppenarbeit absolutes Neuland und deshalb schon erfahrungsreich. Wir haben in der Schule nie Gruppenarbeit gemacht. Ich bin nur den Frontalunterricht gewöhnt. Ich bin froh darüber, nun mit dieser Art von gemeinsamem Lernen konfrontiert zu werden, weil ich denke, dass es mich bereichern kann." (w)

„Positiv habe ich auch die Freiheit empfunden, die Arbeitstermine selbst legen zu können und somit nicht unter zu starkem Druck arbeiten zu müssen, wodurch wir engagierter in unserem eigenen Arbeitsstil die Thematik durchgehen konnten." (w)

„Mit der Selbstorganisation der Gruppe war ich sehr zufrieden." (w)

„Ein sinnvolles ‚Experiment', denn es war schön, so frei arbeiten zu können, ohne ganz genaue Vorgaben, ohne festgelegten Zeitplan." (m)

Contra

„Zu viel Freiheit bekommt wohl den StudentenInnen nicht, wenn dabei was Produktives herauskommen sollte. Die freiwillige Arbeit bleibt immer zweitrangig." (w)

„Es wäre hilfreich gewesen, wenn die Gruppen konkrete Aufgaben zu lösen bekommen hätten. Dadurch wäre der Ansporn innerhalb der Gruppe noch größer gewesen." (w)

„Unsere Motivation wäre besser gewesen, wenn wir zum Ende des Semesters nicht eine Reflexion über die Gruppenarbeit hätten schreiben müssen, sondern eher einen Bericht über die Ergebnisse unserer Arbeit. So hatte man manchmal das Gefühl, man müsste die ganze Sache nicht so ernst nehmen." (w)

„Ich wäre anders an den Arbeitsauftrag herangegangen, wenn wir am Ende des Semesters etwas kleines Schriftliches abgeben hätten müssen. Dann hätte ich mich mehr dahintergeklemmt." (w)

„Ich habe beobachtet, dass die Arbeitsmotivation oftmals eine geringerc ist, wenn alles auf Freiwilligkeit basiert." (w)

„Ich hätte mir gewünscht, dass es innerhalb des ersten Semesters mehr Wissensvermittlung durch die Dozentin gegeben hätte." (w)

„Keiner wusste, was getan werden soll. Deswegen wäre für mich persönlich viel besser, konkrete Aufgabenstellung von vornherein zu bekommen. Dann weiß jeder ganz genau, was von einem verlangt ist und was getan werden muss." (w)

„Ich hatte das Gefühl, dass einige KommilitonInnen die Chance des Selbststudiums nicht erkannt haben und sich wohl eher auf die Arbeitsgruppe eingelassen hätten, wenn es feste Vorgaben oder Aufgaben gegeben hätte." (w)

„Schwierig war, durch die Selbstständigkeit der einzelnen Gruppen und die damit verbundene Arbeitsweise immer wieder neu die nötige Motivation beizubehalten. Auch dies war ein Übungsprozess." (w)

„Ich muss zugeben, dass ich jemand bin, der unter Druck besser arbeitet. Die Gruppenarbeit hat zwar gut funktioniert, jedoch wäre ein gewisser Druck eine Motivation gewesen, sich noch mehr ,reinzuhängen'." (m)

„Da es von vorn herein feststand, dass es uns frei steht, unsere Gruppenarbeit zu präsentieren, fehlte mir persönlich die Motivation. Ich bin ein Mensch, dem es schwer fällt, in Gruppen zu lernen." (m)

8.2. Genderkompetenz oder Kompetenz im Umgang mit Daten?

Ein Student problematisiert die Vermischung von Gender lernen mit Daten lesen lernen. Er wünschte sich das Datenlesen in einem Modul zu wissenschaftlichem Arbeiten. Er schreibt: *„Ich finde ich es nicht gut, dass man in diesem Modul Gruppenarbeit lernen soll und die Auswertung und den Umgang mit Statistiken. Hierfür könnte ein Workshop des Moduls Wissenschaftliches Arbeiten angeboten werden."* (m)

Seine aufgeworfene Frage, warum Daten lesen lernen im Gendermodul eine Rolle spielt, trifft die Kernfrage dieses Lernkonzeptes. Wie kann durch Daten und Datenvermittlung in selbstgesteuerter Gruppenarbeit ein neues Genderbewusstsein geschaffen werden? Was anhand dieser studentischen Rückmeldung darüber hinaus ins Auge springt, ist die Tatsache, dass gerade dieser Student nicht in einer Projektgruppe gearbeitet hat, sondern sich die CD in Einzelarbeit erarbeitet hat. Er schreibt an anderer Stelle: *„Leider kann ich nichts über unsere Gruppenarbeit schreiben, da wir uns nur einmal kurz besprochen hatten. (...) Ich muss sagen, dass ich mir die Quelle eher so erarbeitet habe, als würde ich eine Arbeit über ihren Inhalt schreiben müssen. Es ging mir also mehr um das Ziel als den Weg."* (m)

Sein klassischer Lernweg, das Ziel und nicht den Weg im Auge zu haben, hatte für ihn zu Folge, dass er – im Gegensatz zu den funktionierenden Projektgruppen – scheinbar keinen Zugang zu der Fülle der Daten und Fakten der CD bekam. Er beschreibt seine Enttäuschung über die CD: *„Ich hatte mir erhofft, mehr konkrete Fakten zum Thema Ungleichheit der verschiedenen Geschlechter zu erhalten."* (m)

Seine Rückmeldung gibt Hinweis darauf, dass er die Datenfülle für sich in Einzelarbeit nicht aufschließen konnte. Für den Einsatz dieser Datenreport-CD als Grundlage studentischer Einzelarbeit müsste eine andere Konzeption erarbeitet werden, die systematisch durchdacht den Studierenden methodisch hilft, die fehlende Gruppendiskussion zu ersetzen.

8.3. Verhältnis der Plenumszeit zur Projektgruppenzeit

Die Mehrzahl der Studierenden ist mit ihrem Lernen in der Gruppenarbeit sehr zufrieden (Siehe 6.1. und 6.2.). Vereinzelt haben Studierende problematisiert, dass sie zu wenig Impulse durch Dozierende erhalten haben. Sie haben die Plenumssitzungen mit den Kurzvorträgen der Dozierenden als hilfreicher erlebt als die Beiträge der Studierenden in den Gruppen. Sie wünschen sich, häufiger von Dozierenden zu lernen und nicht von anderen Studierenden.

„Inputs der Dozentin hätte ich mir durchaus auch während des Semesters öfters gewünscht. Genderfragen interessieren mich schon sehr lange, und ich finde super, dass es dies an der FH gibt." (w)

„Die Vorlesungen in der kompletten Gruppe haben mir mehr (als die Gruppenarbeit, Anm. der Verfasserin) für mein Studium der Sozialen Arbeit geholfen." (m)

„Bald wurde mir klar, dass wir mit unserer ‚erstsemestrigen' Erfahrung nicht wirklich vorwärts kamen. Ich hätte mir viel mehr Informationen dazu gewünscht und fand es schade, dass wir vom Wissen der Dozentin kaum profitieren konnten. Ich bin der Meinung, dass es sinnvoll wäre, erst Wissen zu lehren und dann die Studierenden in Eigen- oder Gruppenarbeit das Gelernte vertiefen zu lassen. So war es häufig „vertane Zeit", die wir sinnvoller hätten einsetzen können, wenn mehr Basiswissen da gewesen wäre." (w)

9. Konsequenzen und Schlussbemerkung

Das Konzept – Studierende über das Analysieren von Datenmaterial neugierig zu machen für Fragen der sozialen Ungleichheit zwischen den Geschlechtern - hat sich bewährt. In den Schilderungen der Studierenden werden die inhaltlichen Aha-Erlebnisse und die geweckte fachliche Neugier deutlich, mit der die Datenanalysen verbunden waren. Die Aussage eines Studenten steht exemplarisch für die erfahrenen Lernchancen: *„Die Arbeit mit diesem Thema hat mir in vielen Bereichen die Augen geöffnet".*

Im Detail benennen die Studierenden die Dimensionen, in denen sie durch die Datenanalysen geprägt wurden. Es zeigte sich, dass unabhängig von den jeweiligen Themenbereichen mit denen sich die Studierenden in den Projektgruppen beschäftigt haben[9], grundsätzliche Erkenntnisse zur sozialen Ungleichheit zwischen den Geschlechtern möglich waren. Das heißt, egal bei welchem Thema die Studierenden eingestiegen sind, die Daten und Fakten eigneten sich dazu, die Grundstruktur des Geschlechterverhältnisses deutlich werden zu lassen.

Schilderungen der männlichen Studierenden unterscheiden sich hierbei nicht von den weiblichen. So äußern Studierende aus den unterschiedlichen Themengruppen und unterschiedlichen Geschlechts ähnliche Erkenntnisse:[10] *„Es war interessant zu lernen, wie extrem unterschiedlich die Rollenverteilung zwischen Mann und Frau ist", „ich bin erstaunt bis entsetzt, dass es heute noch so große Einkommensunterschiede zwischen Frauen und Männern gibt", „ich habe zu Beginn der Gruppenarbeit nicht gedacht, dass es für Frauen immer noch so schwierig ist wieder in das Berufsleben einzusteigen", „es war für uns immer wieder erschreckend wie weit die Unterschiede zwischen den Gehältern von Mann und Frau tatsächlich auch heute noch sind", „mich hat gewundert, dass in der heutigen Zeit die Frauen immer noch benachteiligt werden", „eine wichtige Erkenntnis dieser Arbeit ist die Tatsache wie auch heutzutage noch ein krasser Unterschied der Geschlechter vorhanden ist und wie es mit Gleichberechtigung in Deutschland steht", „was mich an den Daten erstaunt hat, ist die Feststel-*

---

9   Themen der Projektgruppen waren: Bildung, Erwerbstätigkeit, Einkommen, Lebensformen, Vereinbarkeit von Familie und Beruf, Politische Partizipation, soziale Sicherung, Homosexualität, Gesundheit, Behinderung und Gewalt

10   Entnommen aus den Zitaten zu den thematischen Feldern

lung, dass die Männer (auch die jüngeren) noch stärker an dem traditionellen Familienbild festhalten als die Frauen", *„ich sehe jetzt vieles in meiner Umgebung mit einem anderen Blick. Ich sehe sozusagen alles ein bisschen mehr aus der ‚Genderperspektive'"*, *„ich bin froh, dass wir die CD mit allen Themen zur Gleichstellung von Frauen und Männern in Deutschland bekommen haben"*, *„mir wurde bewusst, dass wir in unserer Gesellschaft noch lange keine Gleichberechtigung zwischen Frauen und Männern haben und dass dies noch sehr großes Problem in unserer heutigen Zeit ist".*

In allen Themenbereichen wurden Erfahrungen damit gemacht, wie schwer es ist in fachlichen Auseinandersetzungen zwischen empirischen Daten und subjektiv gefärbten Alltagserfahrungen säuberlich zu differenzieren. Die Lernreflektionen ähneln sich in diesem Punkt, egal welches Thema die Studierenden bearbeitet haben und wie die geschlechtliche Zusammensetzung der Gruppe war: *„Mir ist klar geworden, wie wichtig es ist eine objektive Diskussion zu führen"*, *„im Gruppenprozess machten wir die Erfahrung, dass man zum Diskutieren über Fakten eine Ebene einschlagen muss, in der Emotionen erst einmal keine Rolle spielen"*, *„mir ist aufgefallen, dass es zwar einfach ist, in der Runde über das Thema zu reden, es aber ziemlich schwierig ist, sich dabei auf richtige Fakten zu beschränken".*

In allen Themenbereichen gab es für die Studierenden Daten und Fakten, die zum wissenschaftlichen Forschen und Nachfragen angeregt haben. Häufig gaben Auffälligkeiten in den Statistiken den Denkanstoß wie zwei Studentinnen es exemplarisch beschrieben: *„Das Auffällige an den Statistiken war, dass mehr Jungs emotional behindert sind als Mädchen. Das hat uns hellhörig gemacht und wir wollten wissen warum das so ist"*, *„ein interessantes Thema war die Partnerwahl von Männern und Frauen in Abhängigkeit zum Bildungsniveau. Es motivierte uns eine eigene Befragung unter den Studierenden der efh durchzuführen".*

Die Rückmeldungen der Studierenden zu Fragen der „verbindlichen Vorgaben" versus „Selbststeuerung", weisen darauf hin, dass das Konzept noch vielfältig modifiziert werden kann, wenn jene Studierenden mehr in den Blick genommen werden sollen, für die ein sanfter Druck, eine konkrete Aufgabenstellung oder eine verbindliche Anforderungen an eine Schlusspräsentation lernförderlich wären, ohne den Freiraum für jene zu beschneiden, für die die gerade die Selbststeuerung förderlich ist. Es ist weiterhin zu erwarten, dass in jedem Semester beide Studierendentypen in verschiedenen Anteilen präsent sein werden.

Als nahe liegende Modifizierungen bieten sich an zu entwickeln:

- ein Konzept mit weniger Beratungszeit, und mehr Dozierenden-vorträge,
- ein Konzept mit einer abschließenden Lernkontrolle in Form eines unbenoteten „Daten-lese-Testes',
- ein Konzept mit einer verpflichtenden unbenoteten Abschlusspräsentation.

Persönliche Schlussbemerkung

Es ist für mich eine pädagogische Herausforderung die scheinbar an Geschlechterfragen überdrüssige junge Generation über nüchterne Zahlen und Fakten zum Nachdenken über soziale Ungleichheiten zwischen den Geschlechtern zu bringen. Ermutigend erlebe ich wie offen die Studierenden sich den Anforderungen stellen und wie engagiert die praxisorientierten empirischen Materialien des Datenreports aufgenommen werden. Als wertvoll erlebe ich die Beratungssitzungen mit den Projektgruppen. Dort kann ich direkt miterleben, wie Lernerfolge im Verstehen, Interpretieren und sachlichen Beschreiben empirischer Zusammenhänge von Sitzung zu Sitzung sichtbarer werden. Häufig ermöglicht der Schutz in der Kleingruppe den Studierenden ihre persönlichen Vorurteile gegenüber feministischen Positionen offen anzusprechen. Die Beratungssitzungen in Verbindung mit den selbst gesteuerten Projektgruppen tragen wesentlich dazu bei, dass viele Studierende ein neues Gender-Bewusstsein entwickeln, das auf aktuellen Daten und Fakten gründet und den Erfahrungen ihrer eigenen Generation angemessen ist.

10. Literaturliste

Barz, Monika (1995): Didaktische Überlegungen zu einer feministischen Frauenbildungsarbeit. In: Niedersächsischer Bund für freie Erwachsenenbildung e.v. (1995): Berichte und Informationen der Erwachsenenbildung in Niedersachsen, Hannover Heft 1, S. 7-10

Barz, Monika (2001): Gender-Mainstreaming – Eine europäische Perspektive. In: Burbach, Christiane / Schlottau, Helga (Hrsg.) (2001): Abenteuer Fairness. Ein Arbeitsbuch zum Gendertraining, Göttingen, S. 73-86

Barz, Monika (2005): Wie eignen sich Frauen Bildung an? Bedingungen - Wege - Projekte; in Barz, Monika / Weth, Hans-Ulrich (Hrsg.) (2005): Potentiale Sozialer Arbeit; Schriftenreihe der Evangelischen Fachhochschule Reutlingen-Ludwigsburg, S. 182-203.

Bitzan, Maria / **Funk,** Helga / **Stauber,** Barbara; Tübinger Institut für frauenpolitische Sozialforschung (Hrsg.) (1998): Den Wechsel im Blick. Methodologische Ansichten feministischer Sozialforschung. Pfaffenweiler

Cordes, Mechthild / **Begander,** Elke (1998): Die Frauenfrage. Deutsches Institut für Fernstudien. Tübingen

Cramon-Daiber, Birgit u.a. (Hrsg.) (1984): Was woollen Frauen lernen, Frankfurt

Derichs-Kunstmann, Karin / **Müthing,** Brigitte (1993): Frauen lernen anders. Theorie und Praxis der Weiterbildung für Frauen, Bielefeld

Fleßner, Heike (2007): Geschlechterbewusste soziale Arbeit. In: Feuerhelm, Wolfgang (Hrsg.) (2007): Taschenlexikon der Sozialarbeit und Sozialpädagogik, Wiebelsheim S. 242f

Friebertshäuser, Barbara / **Jakob,** Gisela / **Klees-Möller,** Renate (Hrsg.)(1997): Sozialpädagogik im Blick der Frauenforschung, Weinheim

Galtung, Johan (1975): Strukturelle Gewalt. Reinbeck

Gieseke, Wiltrud (1990): Arbeitsgruppen feministischer Zielgruppenarbeit. In: Mader, Wilhelm (1990) (Hrsg.): Weiterbildung und Gesellschaft, Universität Bremen, S. 75ff

Giddens, Anthony (1988): Die Konstitution der Gesellschaft, Frankfurt/New York

Glaser, Edith u.a. (Hrsg.) (2004): Handbuch Gender und Erziehungswissenschaft. Bad Heilbrunn

Gruber, Cornelia u.a. (2001): Gender-Aspekte in der Sozialen Arbeit, Wien

Huth, Sandra (2007): Gender Mainstreaming. In: Feuerhelm, Wolfgang (Hrsg.) (2007): Taschenlexikon der Sozialarbeit und Sozialpädagogik, Wiebelsheim S. 218f

Jahnsen, Doris (Hrsg.) (2000): Blickwechsel. Der neue Dialog zwischen Frauen- und Männerforschung, Frankfurt

Kunert-Zier, Margitta (2005): Erziehung der Geschlechter, Genderkompetenz in sozialpädagogischen Feldern. Wiesbaden

Kunert-Zier, Margitta / **Krannich,** Margret (Hrsg.) (2008): Vom Geschlechterquatsch zum Genderparcours. Geschlechtergerechte Bildung und Erziehung vom Kindergarten bis zum Jugendtreff, Frankfurt

Rauw, Regina u.a. (2001): Perspektiven geschlechterbezogener Pädagogik, Opladen

Zander, Margherita; u.a.(Hrsg.) (2006):Geschlecht Nebensache? Zur Aktualität einer Gender-Perspektive in der Sozialen Arbeit. Wiesbaden

Anhang

Grafik über Frauenanteile in verschiedenen Stadien der akademischen Laufbahn 2003/2004 in Deutschland (in %)[11]

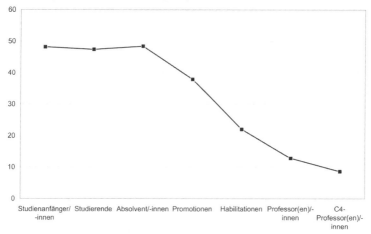

Konstruierte Beispiele für mögliche Antworten der Studierenden

Adlerperspektive

Es handelt sich um etwas, das Anfangs auf hohem Niveau gleichbleibend verläuft, dann steil abfällt und auf niedrigem Niveau endet.

Sachverhalt

Es handelt sich um eine Darstellung des Frauenanteils in verschiedenen Stadien der akademischen Laufbahn, wie er im Studienjahr 2003/2004 in Deutschland vorzufinden war.

Bedeutung der x-Achse und y-Achse

Die x-Achse stellt die verschiedenen Stadien der akademischen Laufbahn dar, beginnend mit dem niedrigen Status als StudienanfängerInnen und endend mit dem hohen Status der C4-ProfessorInnen.

Die y-Achse gibt den Anteil der Frauen in Prozentwerten an. 100% sind jeweils alle Frauen und Männer, die sich im Studienjahr 2003/2004 im jeweiligen Stadium der akademischen Laufbahn befanden.

Beliebiger Zahlenwert – Aussage 1. Ordnung

Fast die Hälfte aller, die in Deutschland im Studienjahr 2003/2004 ein Hochschulstudium abschlossen, waren Frauen.

Vergleich zweier Zahlenwerte – Aussage 2. Ordnung

Im Studienjahr 2003/2004 lag der Frauenanteil unter den Hochschulabsolvent Innen bei 48%, er reduziert sich auf 38% bei den Promotionen.

---

11   Quelle: Bundesministerium für Familie, Senioren, Jugend und Frauen, Datenreport zur Gleichstellung, Bonn 2005

Inhaltlich markanter Zahlenwert – Aussage 3. Ordnung

Im Studienjahr 2003/2004 waren in Deutschland weniger als 10% der C4-Professuren mit Frauen besetzt.

Inhaltliche Tendenz – Aussage 4. Ordnung

Betrachten wir den Frauenanteil in den verschiedenen Stadien der akademischen Laufbahn im Studienjahr 2003/2004, so zeigt sich, dass er umso kleiner ist, je höher der Status innerhalb der akademischen Laufbahn ist.

Konstruierte Beispiele für realistische und irrwitzige Thesenbildungen

These: Viele Frauen können aufgrund der Verantwortung für die Kindererziehung nicht die akademische Laufbahn fortsetzen.

Handlungsoption: Es ist notwendig, für eine bessere Kinderbetreuung in den Hochschulen zu sorgen und die Tagesplätze aufzustocken.

These: Frauen sind nicht klug genug für eine höhere akademische Laufbahn.

Handlungsoption: Es müsste nach der Ursache in der Schule gesucht werden und hier die Bildung der Mädchen unterstützt werden.

These: Frauen möchten nicht in die Forschungslaufbahn.

Handlungsoption: Die Gesellschaft könnte Frauen ermutigen, in die Forschung zu gehen.

These: Männer wählen eher Männer aus für höhere akademische Grade.

Handlungsoption: Es müsste bei Stellenbesetzungen in der Hochschule Regelungen geben, die verhindern, dass Männer nur Männer fördern.

These: Frauen kommen aufgrund der Familienpause und darauf folgender Teilzeitarbeit nicht in höhere Positionen.

Handlungsoption: Kindererziehungszeiten und Teilzeitarbeit wegen der Familie müssen bei Stellenbewerbungen genauso angerechnet werden wie die Vollzeitarbeit bei Männern.

These: Frauen haben keine Lust zum Lernen.

Handlungsoption: Lernstrukturen an den Hochschulen frauenfreundlicher machen.